わーちゃん一家の「わくわくのつくりかた」

家族みんなで成長するのんびり子育て日記

わーちゃんパパ
&
カカ

KADOKAWA

まえがき

わーちゃん一家とこの本について

みなさん、こんにちは！　わーちゃんパパ&カカです。

TikTokやInstagramで「笑点の子」「コッペパンの子」などとみなさんにかわいがってもらっている「わーちゃん」は、2021年に生まれた私たちの息子です。今年の5月には4歳になります。早いものです。

我々夫婦が九州の出身であることは、方言ダダ漏れの生活を動画で見てくださっているみなさまならご存じかと思います。ちなみにパパは福岡、カカは大分の出身。

わーちゃんが生まれて間もない頃は大分に住んでいたこともあるのですが、今は関東で3人暮らしをしています。

SNSでの発信を始めたのは2023年、わーちゃんが1歳7カ月くらいの頃でした。「SNSでもやってみようかな」とパパが思いつきで始めたアカウントで、自分たちの子育て記録を兼ねたものでした。

九州の両家の祖父母にとっても、SNSを通じて孫の日々の様子を知ることができるので、わーちゃんの様子を投稿することがちょっとした親孝行にもなったら、と思っていたわけです（祖父母は孫の様子を見るためにTikTokを使い始めました）。

それがいつのまにか、始めてからたった1年半で、TikTokは140万人、Instagramは81万人、YouTubeは20万人（2024年12月時点）と、こんなにもたくさんの人にフォローしてもらい、驚くばかりです。

「どうせ発信するなら、見る人に喜んでもらえるものにしたい」と思ってはいましたが、ここまでたくさんの人たちにわーちゃんをかわいがっていただけるなんて、不思議な気持ちと同時に、幸せな気持ちです。

ありがたいことに、SNSのコメント欄には「わーちゃんの表情や言葉が豊かすぎる」「パパのわーちゃんへの関わり方が素敵」「カカが面白い」「わーちゃんがごはんを食べるところを見るのが好き！」など、うれしい感想をたくさん頂戴しています。

我々夫婦としてはこそばゆい気持ちが強いのですが、このたび、動画や写真ではお伝えしきれていない部分をメインに、わーちゃん一家の日常や思いをこの本でお届けできることになりました！


実は、最初に編集者の方からこの本の出版のお話をもらったときは、「本当に我々なんかでいいんだろうか……？」と、悩む気持ちのほうが強かったというのが本音です。我が家は、ことさら教育熱心などということはまったくなく、どちらかというとのんびりしているほう、というのが実情だからです。

そんなごく平凡で気ままな家庭のあれこれを書いて、人様のお役に立てるのだろうか？　断ったほうがいいのでは……というのが偽らざる気持ちでしたが、編集者さんの「たまには肩ひじ張らない、等身大の楽しい子育て本も、きっと面白く読んでもらえるはず」という言葉に、思い切ってお受けすることにしました。

「子育ての正解」「親子の関わりの正解」については、我々夫婦にはよくわかりません。

でも、SNSでいつもみなさんに楽しんでもらっているとおり、「とにかく楽しく!」がコンセプトの我々の家庭のあれこれを、SNSよりも詳しくお伝えすることで、みなさんに楽しんでいただけるのなら、それはとてもうれしいことだと思います。

この本ではSNSを始める前の思い出話をはじめ、SNSではお見せしていないわーちゃんの日常、パパとカカとわーちゃんの関わり方などを中心に、また(需要があるかはわかりませんが……)パパとカカがどんな人間で、どんなことを考えているのかなども、お話しできたらと思っています。

ご近所さんのお茶のみ話のように、時間のあるとき、気軽な気持ちで読んでいただけたらうれしいです。

第1章では「ドキドキ」、第2章では「わくわく」、第3章では「ヒヤヒヤ」、第4章では「キラキラ」、終章では「にこにこ」と、わーちゃんの心の動きに沿ったエピソードもたくさん盛り込みました。

わーちゃんの特徴をズバリつかんで愛らしく表現してくれたながしまひろみさんのイラストと共に、わーちゃん一家のわくわくドキドキ、ヒヤヒヤキラキラでにこにこな日常を、お楽しみいただければ幸いです！

2025年1月

わーちゃんパパ&カカ

わーちゃん一家
の

「わくわくのつくりかた」

わーちゃん一家の「わくわくのつくりかた」

もくじ

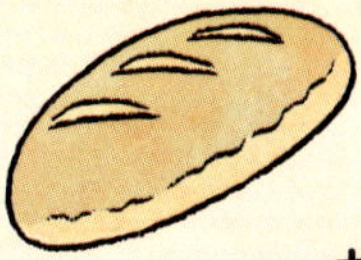

第2章 わくわく なぜ「パパ」と「カカ」なのか？ 全部が「はじめて」の毎日

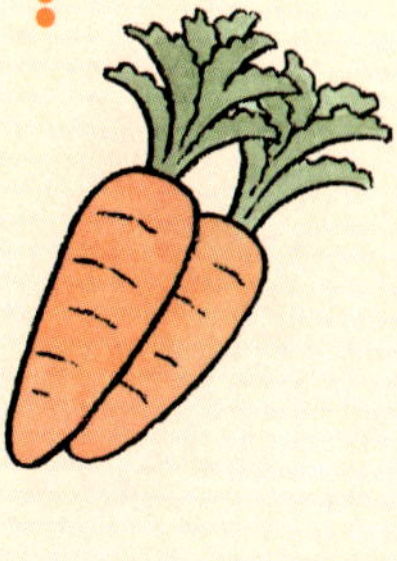

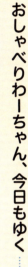

第3章 ヒヤヒヤ 動物やキャンプの火とどう接する？ 冒険を楽しむために

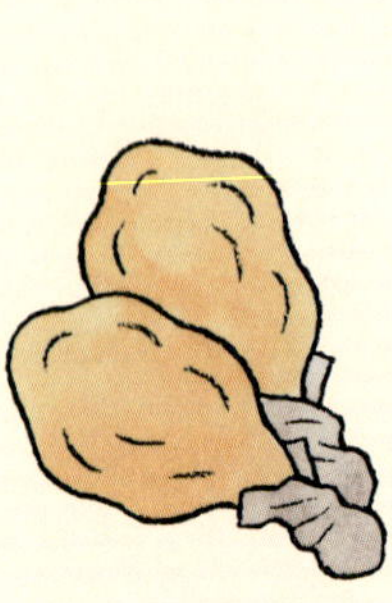

第4章

キラキラ バナナキター――！
家族みんなで笑顔がいちばん

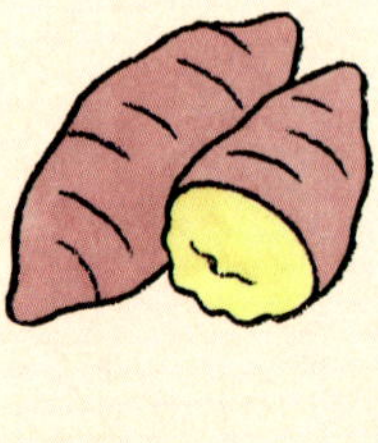

終章

にこにこ

パパは「一緒にゲームできる日が楽しみ」、カカは「楽しく過ごしてくれるのがいちばん！」

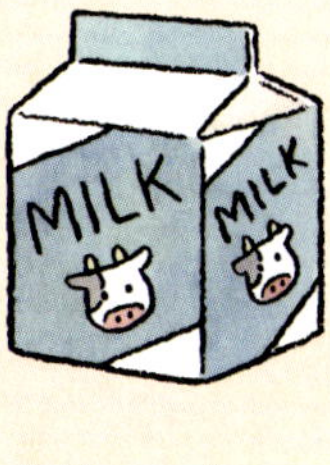

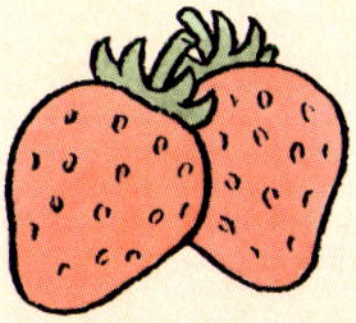

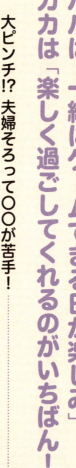

ブックデザイン　金澤浩二
編集協力　村上杏菜
イラスト　ながしまひろみ
DTP　エヴリ・シンク
校正　東京出版サービスセンター

第1章

ドキドキ

気づいたら生まれてた!? 子育ては驚きの連続

コロナ禍の出産。わーちゃん誕生秘話

わーちゃんが生まれたとき、我々夫婦は里帰り出産のため、大分のカカの実家にいました。しかし、ときはコロナ禍。パパが出産に立ち会うことができないのは最初から決まっていました。とはいえ、わーちゃんがいつ生まれてもいいように、出産予定月の1カ月間、パパはカカの実家でリモートワークをしながら、わーちゃん誕生の瞬間を楽しみに待っていました。

出産予定日の1週間ほど前のある日、「お腹が痛いから一応診てもらってくる」と言うカカを病院へ送り届け、パパはいったん家に戻り、夕飯の瓦そば（山口県の名物で九州でもメジャーなんですが、みなさん知っていますか？）をつくりながら待っていました。

実はこの日はちょうど母の日で、大分の家に住んでいるカカのお母さん（わーちゃんからするとおばあちゃん）と、そのお母さん（わーちゃんからするとひいおばあちゃん）にプレゼントするカーネーションを午前中にパパとカカの2人で買いに行き、2人に手渡したところでした。せっかくだから母の日の感謝を込めて、いつもより少し豪勢な夕飯を……ということで、パパの得意料理でもある瓦そばの準備を始めようとしていた折に、カカのお腹がなにやら痛み始めたというわけです。

パパが、ゆでた茶そばをホットプレートで焼き、その上に卵と牛肉をのっけて……とやっていると、カカから電話が。てっきり「診察が終わったから迎えに来て」と言われるのかと思ったら、なんと、「生まれた」と言うではありませんか。

出産というと、産気づいてから何時間も待ってようやく生まれるイメージがあったので、「えっ、もう生まれちゃったの!?」と、びっくりするやら、拍子抜けするやら。カカの弟も、風呂上がりの半裸姿でわーちゃん誕生の速報を聞くはめになり、「えっ!!　もう!?」と目を白黒させていました。

あとから聞いたところによると、昼にカカが病院へ着いたときには子宮口がすでに7センチも開いていたそうです。その状態まできたらもう、本格的な出産も秒読みとのこと。そんなになるまで病院へ行かずに、痛みを我慢していたカカ、たくましすぎるって話です……。

すぐに病院へ駆けつけたい気持ちでしたが、コロナ禍なのでそれもできません。退院してくるまでヤキモキしながら、家で待つことしかできないパパでした。

1週間後、退院してきたカカとわーちゃんに会ったとき、「ちっちゃ！　かわい！」と思ったのをよく覚えています。ちなみに、カカによると、病院へ着いたのが14時頃で、すぐに分娩室に入り、16時にはいきみ始め、18時前には生まれたとのこと。これ、初産にしてはかなりのハイペースだそうです。では、はじめての出産がどうだったか、カカに話を聞いてみましょう。カカ、どうぞ。

「『痛くて痛くて大変』みたいなのがなぜかなくて、出産前に思っていたのと全然

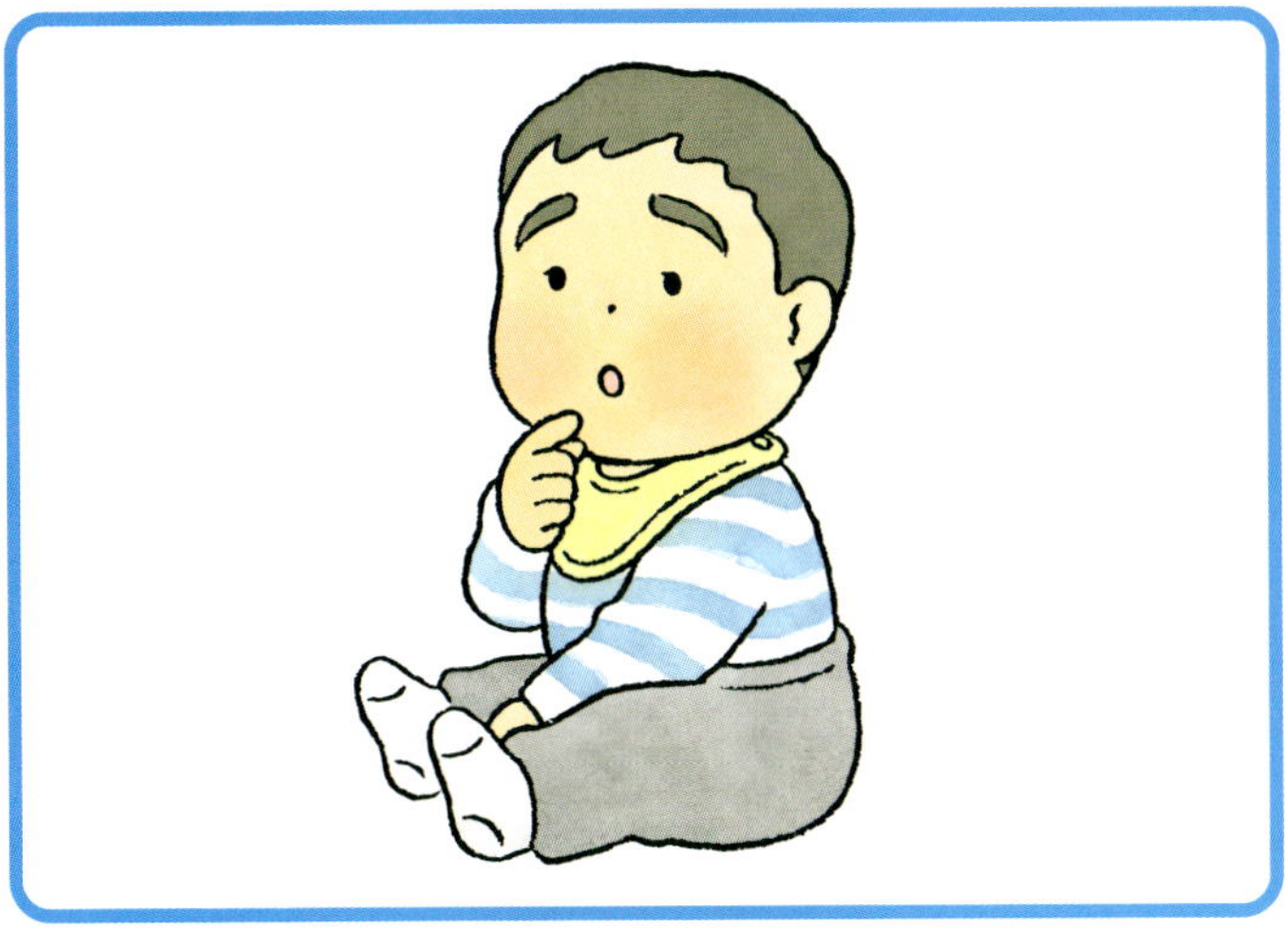

違った。あまりに早かったから、立ち会ってくれた助産師さんに『今回みたいな来院のタイミングだと次回は間に合わない。次はもっと早く来てください』って言われた。助産師さんはギャルっぽかった」

どうやらかなりの安産だったようですね。

それにしても、母の日にわーちゃん誕生という予期せぬサプライズに、大分のおばあちゃんたちも大喜び。カカのもとには「おめでとう、母の日のすごい贈り物になりました」とＬＩＮＥがきていたそうです。

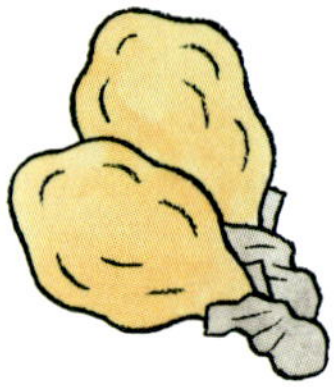

誕生早々、別居生活⁉ パパの寂しい単身赴任の日々

こうして、我々家族にわーちゃんという新メンバーが加わり、大分のカカの実家での生活が始まりました。

「夕飯つくってたら生まれてた」という、しょっぱなから不意打ちをくらったパパではありましたが、すでに下がり眉の片鱗を見せた新生児・わーちゃんとの生活はこのうえない喜びの毎日でした。

しかし、いつまでもリモートワークをしているわけにもいかず、翌月にはパパだけ関東に戻ることに。寂しすぎる……！　そんなわけで、わーちゃんのベビーベッドそばに取り付けてあるベビーモニターの映像を、仕事中でもスキあらばスマホから見ていたパパでした。しっかり子煩悩です。その後、わーちゃんが1歳になる直前に、現在住んでいる関東の家へ3人で引っ越しました。

わーちゃんはといえば、少し小柄であることを除いてはなにも心配することもなく、すくすく成長していきました。生まれて5カ月頃には今のわーちゃんを彷彿とさせる下がり眉もますます存在感を増し、離乳食もパクパク食べ、この頃にはすでに「ごはん大好き！」感を醸し出しておりました。

ちなみに、「わーちゃんはパパとカカのどっちに似てる？」の質問に対しては、「どっちにもかなり似てる」が答えです。

カカの幼少期の写真を見ると、もうわーちゃんそのものなのですが、我々夫婦両方の顔を知っている知人に言わせると、「下がり眉を含め、目元はカカ、頭や顔の輪郭や雰囲気はパパ」だそうです。

「性格が明るいのはパパ似」とカカは言いますが、パパからすれば、カカだって大概明るいほうなんですけどね。どうやら本人にその自覚はないようです。

パパとカカの出会いと馴れ初め

SNSではわーちゃんのことばかり発信していますが、せっかくの機会なので、パパとカカの出会いや馴れ初めもちょっとだけ話していいですか？

パパは福岡、カカは大分の出身だと話しましたが、2人が出会ったのは学生時代です。2人は同じクラスの同級生で、共にどちらかといえばしっかり者キャラだったため、仲がいいというよりはむしろ悪く、よくケンカしていました。でもパパはこっそりカカのことが好きで、当時も「付き合って」と告白した覚えがあるのですが、ピシャリと断られました（なんでやろ？）。

卒業後は別の方向に進み、パパは福岡、カカは大分で働いていました。同級生たちとはたまにみんなで集まって食事をしたり遊んだりしていたので、2人が顔を合わせる機会はちょこちょこあり、なんとなくカカに対して「この人だ」と確信のあったパパは、相変わらずほんのりと想いを胸に秘めていました。というか、絶対付き合うことになると思っていました。

そんな2人の関係が動いたのは、卒業して3年くらい経ってからです。

友達どうしとして2人で会って食事をしたあと、カカと別れて帰宅したパパは、直後、なにを血迷ったか、カカに電話して「付き合って」と言いました。いや、さっき会ってたときに言えばよかったやーん。なんで直接言わんのかーい、と、今のパパならツッコみます。

その失策のせいか、「考えさせて」と、カカは返事を保留。しかし、いろいろあって1カ月後、「私でよければよろしくお願いします」とカカからイエスをもらったのでした（いやぁ、こういう話は照れますねぇ汗）。

こうして付き合い始めたパパとカカ、3年くらい付き合ったあと、出会って10年のタイミングで結婚に至り、２０２1年にわーちゃんを授かったのでした。

わーちゃんは「こたろう」だったかもしれない話

パパとカカの馴れ初めはこれくらいにして、わーちゃんの話題に戻ることにします。

わーちゃんといえば、実はこの「わーちゃん」という呼び名はごく小さな赤ちゃんの頃に使っていたもので、今は夫婦共に「わっくん」と呼ぶことがほとんどです。ほかの呼び方としては「わっちゃん」。そこから派生して「わっちくん」「わっちくんベイビー」「わーちこちん」などもありました。わーちゃん本人も自分のことを「わっくん」や、たまに「わたし」と言っています（カカの真似でしょうか?）。ただ、SNSのアカウント名には「わーちゃん」と記しているので、この本では両方使うことにします。

ところで、「わーちゃんの名前ってどうやってつけたんだろう?」と気になっている人もいるかもしれないので、名付けのエピソードを紹介します。

実は、カカのお腹にいたときにはなんとなく「こたろう」と呼んでいて（いわゆる

「胎児ネーム」です）、それがあまりにしっくりきていたので、それをそのまま命名しようと考えていた時期もありました。

「こたろう」を含めた3つの候補を挙げ、親戚みんなに見せて「どれがいいと思う？」と親族投票を行ったときも、一番多く票が集まったのは「こたろう」。

これから生まれてくる親戚の子どもの名付けに自分が関与できるのは大変わくわくすることのようで、おじいちゃんやおばあちゃんはもちろん、わーちゃんのいとこにあたる小学生の子どもたちも、喜んで投票に参加してくれての結果でした。

もはや「こたろう」の決定は揺るがないかに思われたわーちゃんの名付けでしたが、実際に生まれてきたわーちゃんの顔を見たパパは、3つの候補にあった中の別の名前をつけることにしました。

やっぱり、実際に顔を見てみないと決められないものですね。その名前が、「わーちゃん」「わっくん」に紐づく現在の名前だった、というわけです。

うまく言えませんが、「わ」がつきそうな顔（イメージで言うと丸い感じ！）だったんですよね……！「こたろう」のほうは「琥太郎」の漢字を予定していたため、なんとなくシュッとしたイメージがあって、顔を見て「違うな」と判断したのでした。

癒やしはカカ、遊びはパパ

パパとわーちゃんが遊んでいるのを見て、カカは「自分が子どもの頃はこんなに父親に遊んでもらってなかった気がする」と言います。たしかに、パパとわーちゃんはかなり仲良く遊んでいる気がします。

パパにとってわーちゃんは「子ども」「息子」というよりは、正直なところ友達みたいな感覚です。一緒に生活する共同体の仲間、そんな感覚です。

というのも、親が子どもをしつけたり、教育したりすべき部分を無視するわけではないのですが、親だからといって偉そうにしたくはないな、という気持ちがパパの中にはあるからです。

子どもは、単にまだ知識をもっていないだけで、自分の意思もしっかりあるし、自分なりにいろいろと考えて生きているとパパは感じています。

そんな存在に対して、一方的に「○○しなさい！」とやるのは、パパ的にはちょっと違うかな……というわけで、「○○してみようよ！」みたいなことはもちろん言うんですけど、いつでもそれが絶対ではないと思っています。

パパのそういう友達っぽい接し方のせいか、わーちゃんもパパのことを遊び友達のように思っている節がかなりあります。

だからでしょうか、カカには甘えるのに、パパには「ズボンはきなさい！」と命令してくるなど、とにかくあたりが強い（笑）。

でも、それでいいと思っています。子は親をいずれ軽々と超えていくものだと思っていますし、それを楽しみにしているからです。

一方で、カカから見えているわーちゃんとパパの関係性はまた少し違うみたいです。「わっくんはパパの言動を真似している。パパリスペクトって感じ」（カカ談）。なんでも、カカがわーちゃんを説得できないとき、パパに言われたらすんなり言うことを聞くことがあるんだそうです。でもこれは、パパリスペクトというより、思春期なんかにありがちな「親や先生の言うことは聞かないけど友達の言うことなら耳を貸す」、あの感覚に近いのかも……？

「わっくんとパパってブラザー（相棒）感があるよね」とカカが言うように、遊び相手としての信頼（？）はあるのかなと思います。

「人生何周目？」な世話焼きキャラ

カ

カからすると、わーちゃんは「まだ何色でもない存在」ですが、それでも3歳とはいえ、すでにいろいろな個性や特徴があります。

その代表的なものが、『笑点』（日本テレビ系列）が大好きという謎の渋さ。テレビにかじりついて大喜利に見入る幼児の姿、なかなかシュールですよね……。

もうひとつの特徴が、妙に大人ぶっていること。パパにあれこれ命令したり、パパが夜遅く帰ってくるとシャワーを浴びて出てくるまで脱衣所で待って（見張って？）いたりと、なにかとパパの世話を焼きたがることからも、「大人」のやることにあこがれている感じがします。

そういえば、2歳になる直前の頃、お気に入りのぬいぐるみをお布団に並べて、トントンしながら子守唄「ゆりかごのうた」を歌っていたこともありました。カカがいつもわーちゃんに歌っていた歌です。

いや、きみ、トントンされる側やろ……と心の中でツッコみつつ、すでにこの頃から世話焼きなところがあったのは、やはり性格なのでしょうか。

最近は、自転車の鍵を開けたがったり、カカの真似をしてエレベーターから降りるときにドアを手で押さえてくれたりと（ちゃんと押さえられてないけど）、お手伝いをしたい年頃になってきたこともあいまって、その大人ぶりに拍車がかかっています。

そうそう、夜寝るときにパパに布団をかけてくれることもあります。わーちゃんにとって、やはりパパはお世話する対象のようです。

また、保育園では、同い年の子に「ここははしっちゃだめだからね」などと声をかけているとのこと。お友達からしたら「なぜタメ（同い年）のおまえが……」ですよね（笑）。

普段のしゃべり方もなぜか3歳児には似つかわしくない丁寧語や敬語を使うことがよくあり、妙に年齢を重ねた先達のような雰囲気に、パパとカカは「心におじいさん住んでる？」「人生何周目？」と、笑いながら首をかしげています。

そういえば、なんの真似かわかりませんが、この間、突然「ことばはいらない」と言ってきて、あまりに哲学的なひとことの不意打ちにドキッとさせられたこともありました。子どもって面白いですねぇ。

おしゃべりわーちゃん、今日もゆく

丁寧語や敬語をわりとよく使っているわーちゃんですが、普段の生活でパパとカカが特段なにかを意識しているわけではありません。ただ、わーちゃんが大人の会話に真剣に耳を傾けている様子は見られるので、やはり、あのしゃべり方は周りの大人の真似なのではないかと思われます。真似する対象はパパとカカだけではなく、保育園の先生や店員さん、テレビの中の人たちなど、多岐にわたります。

2歳くらいのころには、「きょうはぐんまけんまえばしし（群馬県前橋市）にきていま〜しゅ」と、なにかの旅番組らしき真似をしていたこともありました。

どこで覚えたのかわかりませんが、最近は自宅のインターホンが鳴ると「○○（苗字）でーす、すぐいきまーす！」と言ったり、タクシーに乗り込むときに「○○（苗字）

です、ほいくえんまでおねがいしまーす」と言ったり（保育園にはタクシーで行かんやろ！）と、いっぱしの大人のようなことを言うので思わず笑ってしまいます。

我々夫婦は普段わーちゃんに対して自然体でしゃべっているだけですが、このようなわーちゃんの妙に大人びたしゃべり方の原因として思い当たることがあるとすれば、パパとカカが赤ちゃん言葉や幼児語をあまり使わないようにしていたことが、もしかしたら少しだけ関係しているかもしれないなと思います。

というのがですね、完全にテレビで見た話の受け売りなんですが、東大生の親御さんたちが、「『勉強しろ』と言うのではなく、子どもが興味をもったことを全力で応援してあげていた」というようなことをインタビューで話されていたんですね。なかでも、トミカマニアの学生さんの親御さんは、「小さい頃から『ブーブー』『車』ではなく、車種をきちんと教えていたら自然と興味が育った」といったことを話されていました（うろ覚えなので少し違うところがあるかもしれません）。

それで、「なるほど、小さい子でも赤ちゃん扱いせず、大人と同じように扱ってもいいんだな」と解釈し、「ねんねでちゅよ」みたいな赤ちゃん語や幼児語を使わず、普通に接していたんです（わーちゃんに東大に行ってほしいという話ではありません）。

とはいえ、ごはんを「まんま」、片付けを「ないない」などの赤ちゃん語を使うことはパパもカカもあったので、完璧に徹底していたわけではないんですけどね！

でも、10年後には使っていないはずの赤ちゃん語や幼児語を今の時期だけわざわざ使う必要もたしかにないなぁと思って、実家のおじいちゃんやおばあちゃんにも話して、「普通でいこう」と言ったのを覚えています。

わーちゃんの語彙が少し大人びているのは、もしかしたらこういう理由もあるのかもしれないな、と思います。

ちなみに、わーちゃんは現在進行形で車や電車が大好きですが、はじめて覚えた車の名前は「ハイエース」でした。なんでハイエースが最初かというと、あるとき、ハイエースが道を走っているのを見たわーちゃんが「バス!」と言ったんです。大きくて四角い形がちょっと似ています。だから、バスとは違うよという意味で「ハイエースっていう車だよ」と教えたのでした。

そんなわーちゃんのおしゃべりが一気に加速したのは2歳を迎える頃で、その時期にハマっていたのは音の出るバス図鑑。ボタンを押すと車内アナウンスや効果音が流れるおもちゃで、わーちゃんはそれをいたく気に入ってよく遊んでいました。

「本日はリムジンバスをご利用いただき誠にありがとうございます」の音声に合わせて「ありがとーましゅ」と言ったり、その数カ月後には「ばっくします、ごちゅういくだしゃい」「みぎにまがります、ごちゅういくだしゃい」などなど、それはそれは真剣な表情でしゃべっておりました(笑)。

大人の真似と図鑑や絵本。わーちゃんの言葉はそれらに育まれていったようです。

コラム

わーちゃん一家が大事にしていること（パパ談）

パパです。僕は、息子のわっくんを友達のような存在だと思っていて、きっとわっくんもそう思っているくらいなので、我が家ではこれといった教育方針も、ましてや確固たる家庭運営方針などがあるわけではありません。でも、家族で大事にしていることってなにかあるかな？　と振り返ってみると、日々の生活のなかで、挨拶だけは大事にしている気がします。

たとえば、「おはよう」「ありがとう」「いただきます」「ごちそうさま」。こういった日常的な挨拶は、息子に教えるというよりは、我々夫婦が結婚当初から心がけていました。というか、僕は今でもよく力力から『ありがと

う』は？」と言われます（うっかりしてすみません……）。
　そんな親たちの様子を見て育ったわっくんだから、「ありがとう」と口に出す癖がついているのかも？と思ったり。
　そのほかに大事にしていることといえば、この間、知人から「わーちゃんパパ・カカさんは人の言うことを『なるほど』と思ったら実践してみるタイプ」と言われ、「そういえばそうかも？」と思いました。
　たしかに我々夫婦は友人や知り合いから聞いた子育て情報などはわり

と試してみるほうですし、62ページで書いているようなフィンランドの先生に教わった絵本の読み聞かせや、35ページで書いているテレビで見た面白い話なども、なるほどなぁと思ったものは実際に試してみています。

特に意識していたわけではないのですが、僕も力力もわりと「いいなと思った先人の教えには素直に従う」ところはあるかもしれません（もちろん、合わなかったらやめちゃいますが！）。

また、僕個人的には、子育てをしていても夫婦それぞれがやりたいことをやって、人生を楽しむことが大事！　と思っているので、「〇〇しようよ」「〇〇さんたちと遊びに行きたい」など、自分のやりたいことをすぐ口に出して実行します（SNSのわーちゃんアカウントもそう）。

一方の力力は、あまり自分からやりたいことを主張せず、「今は子育てが楽しいから」なんて言うので、やや強引に趣味の時間をつくって出かけてもらったりすることも。たとえば、力力が好きなバンドのライブのチケットを予約して、「いってらっしゃい！」と送り出してみたり。
僕としては、わっくんと2人の留守番も楽しいので、もっと気軽に出かけてくれていいのにな、と思っています。わっくんと2人のお留守番のときは、プラレールかレゴで遊びます。1時間くらいかけて大作を一緒に作ります。わっくんは夢中で作りますが、時々「カカは？」と聞いてきます。やっぱりカカがいないと少し寂しいみたい。カカが出かけたあと2時間おきに「カカは？」と聞いてきて、夕方くらいになると5分に1回聞いてきます。

〈カカより〉

半日ぐらい使って銭湯でも行きたいな。ひとり旅もいいな。神社仏閣好きなので日光東照宮行ってみたい。関東のそういうとこ行ったことない。最近わっくんに手がかからなくなってきたので、お出かけしていきたいです。

わーちゃん一家の

「わくわくのつくりかた」

第2章

わくわく

なぜ「パパ」と「カカ」なのか？全部が「はじめて」の毎日

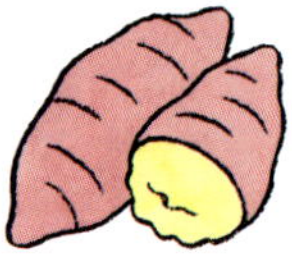

「パパ」と「カカ」の理由

「パパとママ」ではなく「パパとカカ」。
わーちゃんは我々両親のことをそう呼んでいます。

どうしてそう呼ぶのか、気になっている人もいるかもしれません。
実は、これはもう本当に単純な話で、「ママ」と、ごはんの幼児語である「まんま」が似ていてまぎらわしかったからです！

第1章で「赤ちゃん語や幼児語はなるべく使わないようにしていた」と豪語したばかりですみませんが、ごはんの時間に、我々がわーちゃんに「まんま食べるよ〜」と、つい言っちゃうことがあったわけです。

本当は、パパママ呼びで統一したいと思っていたんです。

ところが、「ママだよ〜」と我々がわーちゃんに声をかけると、「まんま」、すなわちごはんの時間だ！　と勘違いしたわーちゃんがわくわくしすぎて大はしゃぎをしたものでして（この当時からすでにごはん大好きベビーだったわーちゃん）。

「あ、いや、ママって言ったんやけど……」という感じになり、ごはんじゃないとわかったわーちゃんはがっかりしたりぷんぷんしたり……ということが何度もあり。

そんなふうに毎回勘違いさせてしまうのが、なんだか気まずいやら申し訳ないやらで、それならもういっそ紛らわしくないように「カカ」でいくことにしたんです。

ですが、赤ちゃん的に発音しやすいのは「カカ」よりやっぱり「まんま」のほうで。

そうなると、意味ある言葉としてわーちゃんがはじめて発した記念すべきワードは「ママ」でも「カカ」でもなく「まんま」だったのでした（笑）。

ごはん大好き！手をあわせましょう、ご一緒に、いただきます！

わーちゃんは小さい頃からごはんを食べるのが大好きです。

早く食べたい気持ちが先走るあまり、食事前の恒例の挨拶「てをあわせましょう、ごいっしょに、いただきます！」がちゃんと言えていない&早口すぎて聞き取れないのは、いつもSNSにアップしている動画のとおりです（ちなみにあの挨拶はパパやカカが教えたわけでなく、保育園でやっているらしいです）。


そんなごはん大好きわーちゃんの大好物がミニトマト。

調子のいいときは20個くらい平気でパクパク食べてしまうほど大好きです。夏にミニトマト狩りに行ったときには、イチゴ狩りのときよりも興奮していました。

その際に購入したミニトマトの苗もベランダで育てているわけですが、よく考えてみたら大好物がベランダにあるって最高の贅沢ですよね（ワンシーズンしかもたないので、夏だけのお楽しみですが）。

ところで、不思議なことに、同じトマトでも大玉トマトのほうは、わーちゃんの食指があまり動かないようです。一応食べはしますが、わーちゃんの中でミニトマトとはしっかり区別されているみたいです。同じようなお子さんもいるかもしれませんね。ほかにも、元は同じ食品でも、形状が変わると食べなくなってしまうものはいくつかあります。ここで、カカからリアルな報告です。

「おかゆとか、刻んだきゅうりとか、嫌がるよ。輪切りのきゅうりは平気なのに、5ミリ角くらいに刻んで出したら『嫌だ』って言われた。成長するにつれて食べられる食材が増えた分、嫌いなものも出てきたって感じがする。でもまぁ、パパがおいしそうに食べていると、わっくんも真似して食べてるところあるよね。自分も食べてみたい、みたいな感じかな？」

そうなんや。おかゆや刻んだきゅうりが嫌なの、パパ、知らんかった……。ごはん大好きなわーちゃんが唯一苦手なものは「エダマメ」と「うなぎ」（どちらもおいしいのに、もったいない！）くらいだと思っていました。

でも、最近は、苦手なものでも一緒に料理をするなど、料理が完成するまでの過程を見せることで克服できたりもしています。

たしかに、いつものきゅうりと刻んだきゅうりでは、わーちゃんの目にはまったく別ものに映っているのかもしれませんし、炊いたお米とおかゆでは、大人の目からしてもまったくの別ものです。それを、一緒に刻んでみたり作ってみたりすることで、「ああ、これもきゅうりなのか」「おこめをこうするとこんなふうになるのか」とわかって、抵抗がなくなるのかもしれないなと思います。

先日は、わーちゃんの苦手なソーセージのおいしさをわかってもらうべく、家で手作りソーセージに挑戦しました。その正体はわーちゃんの大好きなお肉であることがわかり、さらに一緒につくったので、「おいしい！」とどんどん食べていました。

あと、好き嫌いとは違いますが、卵はアレルギーがあるので今のところ避けています（ちなみにカカはエビアレルギー、パパはゴボウを食べると舌がしびれるのでたぶんゴボウアレルギー）。

それでもまぁ、多少好き嫌いやアレルギーがあるとはいえ、全体的には食べることが大好きで、ときには「カカ、ごはんありがとうね」なんて感謝の言葉を口にするくらいには食べ物や料理へのリスペクトもあるわーちゃん。このままモリモリ食べて元気に育ってくれたらいいなと思います。

また、食べ物は勝手に目の前に出現す

るわけではなく、生産してくれる人や運んでくれる人、そしてそれらを料理してくれる人がいるからこそおいしく食べられるのだということは、これからも折に触れて伝えていくつもりです。

お魚は一緒に釣って、その場でさばいて（パパはお魚をさばきます！）焼いて食べたり、ミニトマト以外にもいろんな野菜を育ててみたり、畑のお芋掘りなどを体験してみたりと、食べるのが好きなわーちゃんといろいろな経験もするようにしています。

なお、おいしいものを食べたときのわーちゃんのリアクションの定番はいくつかあり、種類によってその「おいしい度」を推し量ることができます。

「おいしいね」と声に出したり、自分のほっぺたを触ったりつついたりするポーズはノーマルな「おいしい！」の表現。そして、それを上回るサインが「無言」。これは親指を立てるグッドサインと併用されることが多く、しゃべるよりも食べることに口を使いたいという、最上級の「おいしい」気持ちの表現です。

ちなみに、カカ的には、人差し指を立てて「もう1個ちょうだい」を表現するジェスチャーがお気に入りです。

「はじめて」の数々と飛び出す名言たち

パパには、なにかと「どう？」とか、「なにが○○（おいしい、好きなど）？」と、わーちゃんに質問する癖があります。感じていることをお互いに共有したいという思いがベースにありますが、わーちゃんにとってはあらゆることが「はじめて」の連続。どんなふうに感じているのか、つい気になって聞いちゃうんですよね。

ほかに合理的な理由もありまして、もしわーちゃんが嫌だと感じていたり不快だったりしたら、次からはやり方を変えたり工夫したりするといった対処も必要なわけです。状況を確認するという意味でも、その都度「どう？」と聞くことや、感じていることをお互いに言語化することはとても大事だと思うのです（これは子育てに限らず、仕事でも同じことが言えると思います。要望をちゃんと言語化しないといい仕事にならないわけで。キリッ)。

そしてなにより、いろいろな「はじめて」を経験するわーちゃんから返ってくるリアクションが面白いんですよね。とうもろこしを食べたときの感想は「なんかぷろぷろしてる」でしたし(ひと粒ずつを表現しているのがなんとなく伝わってくる)、「お鍋の具材でわっくんはなにが好き?」と聞いたときに「くさ(草)」と返ってきたのには意表を突かれました(たぶん葉物野菜のことを言っている)。

はじめてサクランボを食べたときに「わっくん、これなにか知ってる?」と、若干むちゃぶりをしたときには、わーちゃんなりの熟考の結果、「はこたいちゅ!」という謎の名言(迷言)が飛び出したこともありました。幼児のボキャブラリーの独自性には脱帽です。

「はじめて」を経験できるのはとても幸せなことだとパパは考えています。

パパは今でもはじめてのものが大好きで、飲食店でもはじめてのメニューや食材を見つけるとわくわくしてしまって、思わず注文してはカカに「また冒険してんの?」と言われています。

わーちゃんの春夏秋冬

「旬のものをおいしいタイミングでおいしく食べてほしい」というのが、普段の食事に対するカカの思いです。

春はタケノコ、夏ならとうもろこしやスイカ、秋はサツマイモやきのこ、柿、冬ならミカンやニンジン。こんなふうに、我が家では四季折々の食材やそれを使った料理が食卓に並びます。

わーちゃんはお砂糖を使った甘いお菓子はあまり好きではなく、素材そのものの味を好む幼児らしからぬツウ（？）な味覚を持ち合わせているため、旬の野菜や果物それ自体が、彼にとっては大ご馳走です。

少し話はそれますが、わーちゃんはアイスを食べても、あんこやポテトチップスを食べても、今のところ反応がイマイチです。砂糖を使っていて好きなのは、朝食のパンに薄く塗ってもらっているイチゴやブルーベリーのジャムくらいかもしれません。

ミニトマト狩りやイチゴ狩り、ブルーベリー狩りにお芋掘りなど、旬の食べ物を味わいに行くこともよく楽しんでいます。

わーちゃんは果物全般なんでも大好きなので、今のところ未体験のブドウ狩りもいつか体験してみたいです。去年シャインマスカットを食べたときはとても喜んでいたので、巨峰もきっと気に入ってくれるはず……！　自分で収穫する体験って、子どもだけじゃなく大人もわくわくしますよね。

食材を通じて季節を楽しむこと以外にも、その季節ならではのイベントや行事も、気負いすぎない程度に積極的に楽しんでいます。夏はプールで水遊びをしたり（海は本書の執筆時点では未体験です）、打ち上げ花火を見たり、手持ち花火を楽しんだり。まだわーちゃんがはっきりと「好きな季節」をもっていることはなさそうですが、夏の水遊びはやっぱり夢中ですね。

春にはお花見で桜を見て「かわいい」とつぶやいたり、タンポポの綿毛で遊んだり（まだ息の力が足りないので、パパがフーフー代行しています）。

冬に雪が降ったときには「つめたっ！」と言いながら大喜びで遊んでいました。一緒に雪だるまをつくったものの翌日にはとけてしまっていて、それを見たわーちゃんが「（雪だるまが）ないね……」と不思議そうにしていました。

そうそう、2歳の節分の豆まきのときは、カカが鬼役を務めたんです。

鬼のお面をつけ、赤い上着を身につけ

たカカは、わーちゃんから見ると「上半身は鬼、でも下半身はカカのパジャマ」。鬼なのかカカなのか、一体どちらなのか混乱してしまったわーちゃんが、豆を投げつけるのをためらっている様子が面白かったです。

結局、困り顔のまま豆を投げつけて、カカ鬼は15秒くらいで退散したのでした（カカ、おつかれ！）。

カカは思います。

「あれはパパがやるやつやったんじゃない？」

……似合っとったよー！

「なんで?」が子どもを成長させる(かも)

子育て中の人はおおいに共感してくれると思うのですが、子どもって「なんで?」や「これなに?」と、しょっちゅう聞いてきますよね。わーちゃんも例に漏れず、2歳になる直前くらいからなんでもかんでも「これなに?」と指をさしてパパとカカを質問攻めするようになりました。「○○だよ」と答えると、「ふーん、しょっか~」。

2歳になってからは、我々夫婦の会話内容をふまえて、「これ、カカがかった(買った)やつー?」のような質問をしてくるようになりました(「これ買ってきたけんね」と夫婦で話していたのを聞いていたと思われます)。外出中でもところかまわず聞いてくるので、周りの目が気になって少し恥ずかしい気持ちもありましたが、子どもの好奇心はとどまるところを知りません。

「これなに?」の質問ブームは、2歳半頃に再燃しました。2歳直前の同ブームのときは、質問してパパとカカに答えてもらうのを繰り返すこと自体を楽しんでいる感がありましたが、今回は純粋に物の名前を知りたい様子でした。

「なんで?」「これなに?」などの言葉は今もわーちゃんの口からよく飛び出します。とはいってもまだ3歳なので、我々が答えに窮するような難しい質問はそんなにありません。……おっと、ここでカカから挙手が。カカ、どうぞ。

「答えに困った質問、あったよ。最近だと『あぶらってなに?』って言われて困った覚えがある。なんて返事したかは忘れちゃったけど、一緒に揚げ物でもやってみないとなかなか説明が難しいなと。あと、『カーズ』のマックィーンのおもちゃとかで遊んでいる最中に『マックィーンがはしってたせんろ(線路)、なんでなくなっちゃったのかな?』みたいに、わっくんの頭の中の物語のことを質問してくるのも困る」

そんな質問されてたん? 「油ってなに」はたしかに難問。妄想質問にも答えようがありません。でも、子どもの頭の中って、きっと好奇心や「なんで?」「これなに?」でいっぱいなんでしょうね。

ところで、パパがわーちゃんから「なんで?」と聞かれたときによくやる返しは、「わっくんはなんでだと思う?」という、逆質問です。

意図としては、まず、わーちゃんがどんなことを考えるのかを聞いてみたいという純粋な好奇心がひとつ。もうひとつは、まずは一度自分の頭で考えてみてもらいたいから。62ページでも登場するフィンランドの先生が教えてくれたように、わーちゃんが自分の気持ちや考えを言葉にする練習ができるといいな、と。

こんな感じで、我が家ではわーちゃんもパパも質問多めの生活を送っています。

実はパパはクイズが大好きで、会社の仲間とキャンプに行くときの車中でもみんなでクイズサイトを見ながら遊ぶことがよくあります。

その影響か、わーちゃんが「ぐるぐる。これのおと(音)はなんですか?」(答えは「スイカの『す』を書く音」らしい)「まいまいまい。これのおと(音)はなんですか?」(答えは「マイク」らしい。キャラクターの名前ですね)など、謎の擬音クイズを出してきます。もちろん、超のつく難問のため、正解率はとても低いです。

絵本大好き！パパの職業は「プロ絵本読み師」!?

わーちゃんといえば「コッペパンの子」という方も多いと思います。絵本を見ながら「コッペパン」というはじめての単語を聞いたわーちゃんは、その言葉を発してみようとするのですが、どうしてもうまくいかず、「ぴこ……ぴこ……こぴかんかぁ！」と、よだれだらけで言っている動画があるためです。

そんなわーちゃんは、「おしゃべり上手」とSNSのコメントで褒めてもらえることも多いのですが、赤ちゃん語や幼児語をあまり使わないこと以外に、我が家でなにか特別に行ってきたことがあるわけではありません。

ただ、みなさんもよくされているのではと思いますが、絵本だけはたくさん読んできました。これはパパの自慢ですが、「絵本読んで」とわーちゃんに頼まれてパパが断ったことは（たぶん）一度もありません。とにかく絵本を読むことだけはひたすら

付き合ってあげる、というのが相棒としてのパパのプライドであります。
最近は一度に2～3冊程度で済んでいるものの、わーちゃんがもっと小さかった頃は連続で10冊以上読んであげたこともあった気がします。エンドレス絵本、親の根性が試されるっちゃんね……。
そのかいあって、わーちゃんが「絵本読んで」と頼む頻度はカカよりもパパのほうが高く、会社に行く支度をしていたら「パパ、お仕事で絵本いっぱい読んできてね！」とわーちゃんに声をかけられたこともあります。
パパの職業は「プロ絵本読み師」とでも思っているのでしょうか……？

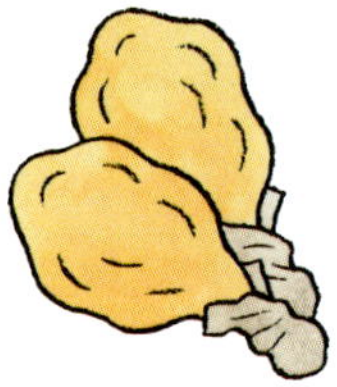

フィンランドで習った言葉の育て方

ちなみに、パパは仕事の関係で北欧へ出張に行くことが多く、あるとき、フィンランドへの出張で、フィンランドの教育界の第一人者の方（メルヴィ・バレ先生といいます）から絵本の読み方について教わったことがありました。

バレ先生はもともとフィンランドの国語の先生で、現在はフィンランドの先生たちを育てる立場にあり、フィンランドの小学校で使用されている国語の教科書をはじめ教育関連の本を３００冊以上手がけられているそうです（共著含む）。

我が家ではその内容をわりと忠実に守って実践しているのですが、もしかしたらみなさんの参考になるかもしれないので、ちょっとだけ紹介してみます。

バレ先生は、「子どもたちが幼少期に書き言葉を学ぶ唯一の方法が絵本であり、子どもたちの成長に絵本が重要な役割を果たす」と考えていて、子どもに読み聞かせをするときには次のようなことを意識するとよいと教えてくれました。

・絵本を読み終わったあとや一日の終わりの寝る前に、読んだ絵本について振り返る
・同じ絵本を2回目に読むときは、内容を膨らませて会話する

前者なら、たとえば、「わっくん、今日読んだ絵本ってどんな内容やったっけ?」、後者なら、パンの絵本なら「パンおいしそうやね。わっくんが食べたことのあるパン、教えて」、クマの出てくる絵本なら「このクマ、どういう気持ちなんやろうね?」などです。

答えに対してさらに別の質問をしたり、感想を伝えたりすると、子どもからのいろいろな答えから、どんどん会話が膨らんでいきます。

バレ先生いわく、このときに大事なのが、「イエスかノーで答えられる質問を子ど

もにしない」ことだそうです。イエスかノーで答えるとそれで会話が終わってしまい、子どもが自分の気持ちや考えを表現する機会が減ってしまうらしいです。なるほど。自分の意見をきちんと文章で説明できる力を早めに養っておくことは、子どもの人生のためにとても大事なのだと、その先生が話していました。

また、絵本に限った話ではありませんが、寝る前に悲しい話や怖い話をすると、夢に出てきて安眠できなくなるため、避けたほうがいいそうです。

それから、寝る前には電気を消して、子ども本人が登場する物語を親が考えて話してあげるのもとてもよい影響があるそうですが、パパとカカにはちょっとハードルが高すぎて、あんまり実践できていません……。

それでも最近実践し始めたところ、かなり喜ぶことがわかりました。ただ、寝る前なのであまり深く考えずに話していくとストーリーがぐちゃぐちゃになります。先日は、わーちゃんが車になってしまいました。まだまだ修行が必要です。

最近のわーちゃんはアンパンマンの五十音表のあいうえおタブレットにハマってお

り、文字に興味津々のようです。ひらがな練習帳を自分で引っ張り出してきて自主練していることもありました。こちらから「やったら？」と提案したことはないので、絵本好きが高じて自然と文字に興味をもったのかなと思います。

先日、体操教室の体験に行ったときなどにも思ったのですが、なにかをやらせたいときに「これやろうね」は逆効果だと思い、「体操とはどういうもので、なんのためにやるのか、やると楽しいかどうか」を伝えたうえで、「やりたくなかったらやらなくていいからね。やりたくなったら教えてね」と話すと、結構やってくれることに気がつきました。

コラム

わーちゃんの好きな食材ランキングトップ10(カカ談)

第2章でわっくんの食べ物の好き嫌いの話が出てきたので、現時点での好きな食材ランキングベスト10をつくってみました(カカ調べ)。

それではどうぞ!

1位　ミニトマト

2位　お肉(種類や部位にはこだわらない、というかわかっていない)

3位　バナナ

4位　イチゴ

5位　ごはん(米)

6位　ニンジン
7位　シメジ
8位　サツマイモ
9位　パン
10位　牛乳

1位に関しては、たぶんみなさんの想像どおりだったと思います。2位以下をぶっちぎっての圧倒的1位です。

また、わっくんといえば、SNSでは「キタキタキタ～！」「バナナナキタ～！」と、ハイテンションでバナナに食いつく様子も有名（？）です。

そのバナナを押さえて「お肉」が2位にランクインしたのは、もしかしたら意外かもしれませんね。お肉は本当に大好物で、最近は手羽元などにかぶりついては至福の表情を見せています。

お肉系は、パパが食べているものなら自分もなんでも食べてみたいようで、どうしても食べたいとお願いしてきます。この間は豚足を食べてみたいとせがまれ、どうしたものかと思いました。

結局、そのときは、脂の少ない、食べられそうなところを小さくちぎってあげました。「おいしい」と「なにこれ？」の間というか、見たことのない顔をしていました。それからさらに、小さく2、3切れ食べたので、わっくん的にはおいしかった……のかな？

牛乳も、ランキングでは10位ですが、毎晩「牛乳タイム」があるほど好きです。口の周りに牛乳ヒゲを生やして、冬でも冷たいのをごくごくいきます。

なお、動画のとおり、わっくんの朝ごはんの定番は「食パン、ミニトマト、ヨーグルト（基本は無糖）」のセットという、モデルさんの食生活みたいなヘルシーメニューです（本人はぷくぷくですが！）。

パンもミニトマトも両方、好きな食材ランキングに入っています。毎日朝っぱらから大好物を食べているなんて、幸せな3歳児ですね。

〈パパより〉

わっくんはたまにパンをヨーグルトに浸す「ヨーグルトパン」を楽しんでいますが、あればっかりは一度試したあと、パパも力力も食べていません。

わーちゃん一家の

「わくわくのつくりかた」

第 3 章

ヒヤヒヤ

動物やキャンプの火とどう接する？冒険を楽しむために

わーちゃんの「イヤイヤ」「ぐずぐず」

聞き分けがよくお利口さんのイメージがあるかもしれないわーちゃんですが、「イヤイヤ」も「ぐずぐず」も「えーん」も、当然あります（カメラを向けているときにそういう状態になったらパパは撮影を中止してわーちゃん対応に専念するので、そのような様子がSNSにアップされることはありません）。

誰もが避けては通れぬ、親にとっては恐怖の「イヤイヤ期」。

わーちゃんも2歳前後にその時期を迎えましたが、周りの話を聞く限り、わりと軽めのほうだった気はします。とはいえ、我々夫婦もイヤイヤ期にはそれなりに頭を抱えさせられまして、特に力力は「うちの子、大丈夫かな……？」と悩んでいたこともありました。

そんな我々の胸に響いたのが、「わっくんも保育園の集団生活で頑張って周りに合わせてるんだから、家でくらいわがままを言わせてあげてもいいんじゃない?」という、知人からのアドバイスでした。

たしかに、保育園の先生から「わーちゃんのイヤイヤがひどい」みたいな話は聞かなかったので、きっと園では頑張っていたんでしょう。そう考えると、わーちゃんのイヤイヤがいじらしいものにも思えてきて、少し心が軽くなったのでした。

今はすっかりイヤイヤ期は落ち着きましたが、特定のことに対してイヤイヤが発動することはあります。

最近は、ベビーカーに乗るのを拒否して「これイヤよ〜、にがてよ〜」と泣き叫ぶことがあります。自分で歩きたい気持ちの表れかもしれませんが、ずっと歩き通せるほどの体力はまだないので、すぐに「だっこ」と言うのは火を見るよりも明らか。ここはおとなしくベビーカーに乗ってほしい……と、全親が思うところでしょう。

このように親を悩ませる子どものイヤイヤですが、聞くところによると、フランスでは「子どものイヤイヤは気持ちを落ち着かせるための感情の発散行為」と考えられているのだそうです。

それを知ってからは、わーちゃんのイヤイヤが発動しても、無理になだめたり落ち着かせたりしなくてもいいやと思うようになりました。

もちろん、説得は試みますが、なにをしてもダメなときにはもう、潔く諦めて放っています。そうするとわーちゃんはしばらくひとりでイヤイヤ・ぐずぐずしていますが、大体10分以内には落ち着いてきます。

先日も、朝食のヨーグルトにジャムを入れてほしいと言ってきましたが、パンにもすでにたっぷりとジャムを塗っていたためNOを出したところ、「イヤだ」とぐずりが始まりました。しかしここで我々が折れるわけにもいきません。ヒヤヒヤしつつもそのまま放っておいたところ、いつのまにかそのまま食べ切っていました。

また、観察してみると、わーちゃんのイヤイヤ・ぐずぐずは、眠いときや、やっていることを急に中断されたときに発動する傾向があるとわかりました。

我が家ではそのようなトラブルを予防するため、「事前に約束する」という作戦を

よく使っています。おそらく、いきなり「○○するよ」と言われるのがストレスというか、嫌なんだと思うんですよね（パパだって、仕事中に急に「掃除するよ！」と言われたら「え、やだ……」ってなると思います）。

と言いつつ、つい先日も「ごはんを食べたらお昼寝しようね」と約束したのにお昼寝してくれませんでした（泣）。子育てはなかなか思うようにはいきませんね！　でも、この時期もすぐに終わるのよ……（寂）。せっかくなので、楽しもうと思います。

ハサミとバリカンが苦手！恐怖のヘアカット

ところで、わーちゃんのイヤイヤが発動しがちな苦手なもの第1位は長らく「ヘアカット」でした。切った髪が首回りに落ちてチクチクする感じが、たまらなく嫌みたいです。

2歳4カ月頃、自宅のお風呂場で本格的なヘアカットに挑戦したときは、とにかくハサミやバリカンを嫌がり、切っている途中に「やだやだやだ〜」「もういい〜」と泣きだしてしまいました。

特に、後ろ頭をバリカンで軽く刈り上げるときは最上級の苦悶の表情を浮かべていたわーちゃん。どうにか最後まで終えねば（途中でやめたらすごい髪型になってしまう！）と、パパとカカはヒヤヒヤしながら作業を進めます。

泣きべそをかきながらもなんとか完了したあと、ハサミとバリカンを指さして「にがてよ〜、これにがてよ〜」と、下がり眉をさらに下げて訴えてきたわーちゃんの表情を見て、「かわいそうだったな」と思う一方で、つい笑いが込み上げてきてしまうパパとカカなのでした。

なお、そのときにヘアカットを担当したのはカカで、方針は「とにかく短く」。カカのヘアカットはワイルドなハサミさばきが特徴で、おでこ丸出しギザギザ前髪の短髪わーちゃんに仕上がりました。

それにしても、自宅ヘアカットはやはり難易度が高い（いろんな意味で……）。なので最近は、美容師をしている親戚の人に、帰省の際に切ってもらっています。しかし先日、帰省のタイミングでは間に合わないほど髪が伸びてきてしまったため、久しぶりに自宅ヘアカットを敢行しました。

落ち着いて切らせてもらうため、今回は事前に周到な準備をして臨みました。SNSでやっている方を見て、ダンボールの箱に赤い紙を貼って車を作り（わーちゃんの好きな「カーズ」のマックィーン風）、わーちゃんにはその中に入ってもらったのです。

加えて、「最終兵器」ミニトマトも用意。

「髪を切ってかっこよく、涼しくなろう！」と髪を切るメリットを事前に説明し、わーちゃんもやや不安げながら合意。しかしダンボールで作った赤い車を出すと、テンションが上がってすんなり乗車してくれました。

最終兵器と言いつつ結構早いタイミングでミニトマトも投下することにはなったのですが、そのかいあってなんとか無事にカット完了！　わーちゃんはバリカンの音に肩をすくめて嫌そうな表情を見せるも、終わるまでなんとか持ち堪えてくれました。

その姿にちょっぴり成長を感じたりもしつつ、ほっと胸を撫で下ろしました。ご自宅でのヘアカットに苦戦しているみなさん！　もしお子さんが乗り物好きなら、手作りダンボール新幹線やダンボールカーはおすすめです。

その後、夏には親戚の美容師さんにわーちゃん史上最短髪にカットしてもらい、自宅でのメンテナンス方法も教えてもらったので、次はもっとスムーズにヘアカットできそうです。さっぱり短髪になったわーちゃんは、また少し、凛々しくなったように見えました。

必殺！スライドでプレゼン作戦

ヘアカットをはじめ、わーちゃんの嫌がることや躊躇しそうな新しいことに挑戦するとき、パパがよく使う手があります。プレゼンテーションアプリを使った説明です。イラストや写真や文字、アニメーションなどを組み合わせてスマホで簡単にスライドがつくれるアプリがあり、それを使っています。

はじめてこの方法を使ったのは、クリスマスに欲しいものをわーちゃんから聞き出すためでした。サンタクロースやクリスマスプレゼントのシステムなど基本の部分について、かわいいイラストを入れて作ったスライドをテレビ画面に映して説明したところ、「くろいえすえる（ＳＬ）がほしい」と、すんなりと教えてくれました。

これは効果的だということで、以来、わーちゃんになにか説明する必要があるときにはこの方法を使っています。たとえば、保育園に行くのを嫌がっていた時期に、「こ

のタイマーが鳴ったらお着替えを始めるよ」「このタイマーが鳴ったら出発するよ」と、新しく決めたルールを説明するのにもスライドを使いました（結果は大成功でした！）。先ほど書いたように、「なぜ髪の毛を切るのか」を説明するのにも使いました。

また、カカの実家で飼っている猫の「さば」ちゃんと仲良くなるために、上手な触り方について説明するときにもこの方法をとりました。「ここは触ってOK」「ここは触らないでね」などの内容をビジュアルで見せたところ、とても理解しやすかったようで、無事にさばちゃんと仲良くなることができてわーちゃんもうれしそうでした。

言葉で伝えるだけでは理解してもらいにくい内容も、写真や画像やアニメーションを使うと納得してくれることが多いので、スライドプレゼン作戦には非常に助けられています。絵を描くのが得意な人は自分で紙に描いて紙芝居なんかにしてもいいと思いますが、なにぶん、我々夫婦はあまり絵心がなく……。

「言うことを聞かないと◯◯（鬼、お化けなど）がくるよ」「とにかくダメなものはダメ」といったごまかしや強行突破は、我が家ではあまり使わない方針のため、当面の間、この作戦でいくつもりです。

対わーちゃん
プレゼン成功の秘訣

わーちゃんにプレゼンをするときはできるだけ、「行動」と「結果」を伝えるようにしているところがポイントです。

道を渡るときや道路に出るとき、わーちゃんが「みぎみてひだりみて、ＯＫ！」と言う習慣を身につけたのですが、いつからか、右と左を見ること自体が目的になっていました。

そこで、「右を見て左を見る」ではなくて、「右と左を見て車がいないか、自転車がいないか確認するんだよ（行動）。そうして、安全だと思ったら（結果）、道に出るんだよ」とプレゼンで教えると、納得したようで、それからは右を見て左を見たあとに「くるまがいないからいいね！」などと話してくれるようになりました。

少しこみいった話でも、スライドで説明すると、1枚1枚めくっていくわくわく感で集中力が続き、話を最後まで聞いてくれます。口頭だけで説明するより、ビジュアルを見せたほうが記憶にも残りやすいようです。

また、図や絵を入れることで、言葉だけだと子どもには難しくてわかりにくい部分を、感覚で伝えられるとも考えています。

スライドはわーちゃんの集中力の観点から10枚以内にしていて、基本的には次の構成にしています。

・**タイトル**（作戦名のつもりで明確に！　イラストなども入れてここで惹きつける）
・**テーマについての概要や現状**（どんなものか、今はどうなっているか）
・**行動について**（概要を理解したうえでどういう行動をとるのがいいか）
・**結果について**（なにが待っているか、どうなるのか）
・**応用**（必要であれば）

たとえば、道路を渡るときの安全確認の例では次のような感じです。

・**タイトル**：「右見て左見て」の本当の意味は？
・**概要**：わっくん、「右見て左見て」をしっかりできるようになっています。すごい！ でも、ちゃんと見れているかな？「右見て左見て」は、道路に出るときに、道路に出てもいいかを確認することが目的。車や自転車は便利だけれど、危ないものにもなり得る（ここで、内容はハードになりますがクラッシュした車の写真などを見せてもいいかも）。
・**行動について**：右と左を見て、車が来ていないか、自転車が来ていないか、そのほか何か危ないものはないかをしっかり確認する。そのうえで道路に出る。
・**結果について**：ただ見るだけでなく、きちんと確認したうえで道路に出ることで、車や自転車との事故を防げる。
・**応用**：車や自転車がいるところってどこ？ たとえば駐車場。そういう場所でも、周りを見て行動することが大切。

SNSの動画で伝わらないところでいうと、動画では短くまとめていますが、実は10分程度かけて、わーちゃんとディスカッションもしながらプレゼンしています。
「パパはこう思うけど、わっくんはどう思う?」など。

また、これは絵本(『ナンデとナンダ　おうちへいく』けんさん、おおばっち著、濱隆一イラスト、メルヴィ・バレ監修、三恵社)を作るときに考えたコンセプトでもあるのですが、「子どもも大人と一緒で、物事の本質を知ると納得して先に進めるし、人生を楽しめる!」と、パパは思っています。

たとえば歯磨きについて、「歯磨きはただゴシゴシしてるだけじゃなくて、虫歯にならないように、虫歯のえさになる食べかすを掃除しているんだよ」と伝えてみたり。そんなふうにきちんと目的や本質を伝えると、驚くほどちゃんとやってくれることもあるし、知ったうえで本人がやらないという選択をすることもあります。そんなときにはわかってもらえるように、「虫歯になると、歯がとっても痛くなったり、欠けちゃったりするんだよ!」と、負けじと追加プレゼンしてみますけどね!

子どもにとっても、なにかをやるかやらないか決める前に、まず納得するほうが心地いいだろうと思っています。

いい影響は親にもあります。イヤイヤ期あるあるで「思いをうまく伝えられない、なぜ言われているのかわからない」状態の子どもに対し、プレゼンをすることで気持ちを確認できたり、寄り添えたり。また、プレゼン資料を作りながら子どもに伝えたいことを順序立てて考えることで、親も気持ちの整理ができます。子育てするなかではじめて起きる現象や感情、もやもやすることってありますよね。

そういう漠然としたものを、名前をつけながら整理するような感じです。「子どもに歯磨きしてほしい、でもやらない」という課題が出てきたら、「それはなぜなのか・なぜやるべきなのか・どうやるのか・子どもが嫌がる原因はなにか……」といった調子でひも解いていくことで、自分の子どもに合った方法が見つかるかも！　なので、「してほしいこと」から逆算してプレゼン資料を作るのもいいかもしれません（資料にしなくても、メモに書き出したり、頭の中でやるだけだっていいと思います）。

いろんな物事の本質を知るきっかけは、疑問をもつこと。

大人にとっては当たり前で、言うまでもないことだと思っていても、子どもなりに

疑問があり、それを解決するとスッキリする。どうして道を渡る前に右と左を見るのか、どうして歯磨きをしないといけないのか、どうして料理をする前に手を洗うのか……。わーちゃんと（子どもとの会話レベルにしては）深い話をするときは、大体「なんで？」から始まっていたように思います。

疑問をもつこと＝楽しいこと！　そう思ってもらえるように、（ときには難問に頭を悩ませることがあったとしても）わーちゃんからの「なんで？」には、真摯に向き合い、答えたい、と思う両親なのでした。

……でも、共感してくださる方がいたらうれしいですが、親として「ぐぬぬ……」ってなるとき、ありますよね？　パパからわーちゃんに早く寝るよう促すプレゼンをしたのに、カカとわーちゃんが寝静まってからひとり晩酌をしているところを見つかってわーちゃんに怒られたり……「パパがいつもカカにおこられてるのはなんで？」という究極の「なんで？」をお見舞いされたり……親も、まだまだ精進が必要です。

ぐずりにイタズラ……でも、悪意があるわけじゃない

ごまかしや強行突破があんまり好きじゃないのは、どんな行動にもわーちゃんなりの理由や理屈があると思うからです。

わーちゃんのイヤイヤやぐずりが発動したら、パパはとりあえず「なんで？」「どうして？」と聞きます。単に眠いだけのときもありますが、たいていなんらかの理由はあります。我々としては「◯◯してほしい」と思っていても、わーちゃんなりの理由を確認できたら「△△したい」という意向を尊重することもあります。

カカは以前、「おもちゃで遊ばないで寝るよ」と声かけしたら、わーちゃんが「まだだよ！」と言うので理由を聞くと、「みんながしゃこ（車庫。おもちゃ箱のこと）にはいってないから」と言われました。出ているおもちゃはまああの量あったのですが、元の場所に戻したいというこだわりはいいと思ったので「そしたら車庫に入ったら寝ようね」と約束し、見守ったことがあります。
ちなみに、この間パパが抱っこをせがまれたときに「抱っこしないといけない理由を教えてください」と言ったら、「だってパパだいすきだからだよ！」と言われました。これは反則、そんなことを言われたら抱っこせんわけにいかんよね（笑）。

同じように、「○○はダメ」「○○してほしい」と我々夫婦側の意見を通すときにも、わーちゃんが理解できる形で理由を伝えることが必要だと思っています。理由がわからないのに相手の言うことを聞くのって難しいですからね。その説明の方法が、我が家の場合はスライドを使ったプレゼン作戦というわけです。

もちろん、理由をしっかり伝えたにもかかわらず、ダメなことをそのままわーちゃんが続行するときもあります。「へぇ、そういう判断をするのね」というこちらの気づきにもなるので、それはそれでいいかなと考えています（もちろん危険なことなどはストップをかけますが）。

ときにわーちゃんを叱るシーンでも、言うべきことをしっかり言うのは大前提のうえで、わーちゃんの理屈や気持ちに寄り添うことは大事にしているつもりです。

たとえば以前、テレビに向かっておもちゃを投げつけたときなどはキツく叱ったのですが、「投げたらどうなるか、見たかったんだよね？」「物を投げられるようになってうれしかったんだよね？」などと気持ちを代弁し、理解する姿勢を見せました。


子どもはみんなそうだと思いますが、「ひどいことをしてやろう」「傷つけてやろう」みたいな邪悪な気持ちで行動しているわけではないと思うんですね。純粋な好奇心や「やってみたい」という衝動をそのまま行動に移しているだけであって、子ども自身は邪悪な存在ではないし、悪意もないと思うんです。

だから、まずはその行動の根っこにある気持ちに寄り添いつつ、社会的な分別を教えてあげたいな、と我々夫婦は考えています。

ただ、子どもそれぞれに性格も特徴も違うので、わーちゃんに通用することがまったく通用しない子もいるわけです。逆に、ほかの子には通用してもわーちゃんには通用しないことだってあるはずです。たとえば以前、なぜか「きのこ、たべましぇん！」と謎の宣言をされたことがあり（嫌いではないはずなのに）、カカが苦しまぎれに「わっくんにおいしく食べてもらいたかったのに悲しいなぁ〜」と、きのこの気持ちになって語りかけてみたところ、食べてくれたこともありました。そんなミュージカル作戦が通用する子もいれば、しない子もいると思います。

「わーちゃんは◯◯ができておりこうさん」などとSNSで過分なお言葉をいただくこともあるのですが、「◯◯ちゃんは△△ができるのにうちの子は……」みたいに比較する必要はないんだと思います。それぞれの子にその子なりの理屈や事情があるだろうし、ふさわしい解決策や対応策もそれぞれにあるんじゃないかな、と……。どの子にも通用する子育て論なんてたぶん存在しないので、それぞれの家庭ごとにその子に合った方法を模索していくのが子育てなのかな、と思ったりします（しみじみ）。

SNSのフォロワーさんたち（子育て中の方や、子育ての大先輩）からいただく「ほかの子と比べてしまうかもしれない。10のうち1しかできないときもあるかもしれない。でもその1を最大限に褒めてあげて」というコメントなども、めちゃめちゃ刺さりました。いつもありがとうございます！

パパとカカのお小言役割分担

白状しますと、SNSではわりと冷静に見えているはずの我々夫婦も、我慢できずに爆発してしまうことはあります。たとえば、わーちゃんが3歳前のときのこと。夜寝る前にふざけて、ペットボトルの飲み物のふたを勝手に開け、中身を盛大に床にぶちまけてしまったことがありました。寝る前にトラブルが起きると、つい腹が立ってしまうこともあるんですよね……。「もうふざけるのはやめて！」と大激怒のカカでしたが、翌朝には「大怒りしてしまった……」とシュンとしていました（笑）。

親だって人間ですから、腹が立つことはあります。だからこそ、意識してわーちゃんの気持ちに寄り添おうとする姿勢が大事なのかな、と思っています。

我が家の日常的なお小言の際の役割分担は、叱り役がカカ、寄り添い役がパパです。カカは意外にも「そんな大声出るん？」とパパが驚くくらいの大きな声で怒ることが

できます。わーちゃんはカカに叱られたときだけはパパに甘えてくるので、そのときはパパがフォロー役に回ります。

とはいえ、いざというときにはパパもがっつりお説教します。お説教といっても、両手をわーちゃんのほっぺに添えて目線を合わせ、「そういうことをすると怪我しちゃうけん、やめておこうね」などと言い聞かせる感じではありますが。ほっぺを挟まれているときのわーちゃんは、神妙な顔でじっと黙って聞いていることがほとんどです。なお最近は、お願い事をするときや甘えるとき、謝るときは「パパ」、楽しいときや友達気分のときは「けんさん」と呼ばれています。

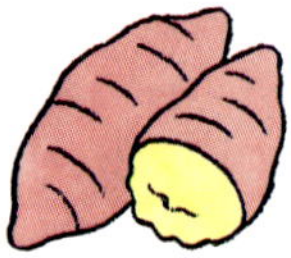

ヒヤッとする冒険を楽しむための事前オリエン

子どもにはいろいろな体験や冒険をさせてあげたいとは思っていますが、正直、「あ〜、危ない！」「ちょっと難しいかも？」とヒヤヒヤすることもたくさんあります。

かといって、冒険の機会を奪うのももったいないな、と思うわけで。

また、わーちゃんは少し慎重なところもあり、はじめてのことに躊躇して踏み出せないこともときどきあるため、そのあたりは我々夫婦側に工夫が求められます。

たとえば、パパとカカはキャンプが好きなのですが、わーちゃんを連れて行くとなるとヒヤヒヤ度が一気に上昇します。特に気になるのは火のこと。安易に近づくと火傷してしまいますから、これはやはりしっかり教えておきたいところです。

まずは、あらかじめキャンプ場に向かう車の中で「キャンプは楽しいけど、危ないものもたくさんあるから気をつけよう。なにが危ないかは一緒に見ていこう」と、オリエンテーションを行いました。

キャンプ場に到着し、実際に火を起こしてからは、ほんのりあたたかさを感じる程度まで一緒に近づき、「あったかいね。でも、これ以上は熱くて危ないからね」と説明しました。

キッチンの火とは違うはじめてのリアルな炎を見て、わーちゃんは不思議そうにしていましたが、納得した様子でした。

また、夏にウォータースライダーがある施設で遊ぼうとなった際にも、前日にオリエンテーションを行いました。高さ3メートルと、そこそこの高さの滑り台なので、わーちゃんが怖がりそうだったからです。例のスライドを見せながら、スタッフさんが見ていてくれることや、滑って転んでも痛くないことを説明しました。

実際にチャレンジするかどうかはわーちゃん本人の判断に委ねたのですが、結果は大成功！　ときどき転びつつも、めちゃめちゃ楽しそうに滑っていました（一度もこちらを振り返らず、ひとりでウォータースライダーの階段をのぼっていく姿に一抹の寂しさを感じたパパとカカでした）。

オリエンテーションをしていなかったほかの遊具はやはり怖がってなかなか挑戦しなかったので、わーちゃんの場合、やはり事前に説明するのは大事みたいです。

ちょっと話がそれますが、スライドで説明するときにパパが遠慮なく漢字を使うのは、大人の世界には漢字というものがあることをわーちゃんに感覚的に理解してもらい、いつか読めるようになるときの楽しみを味わってほしいからです。

なお、日常的にも、夜寝る前に翌日の保育園のイベントのことなどをわーちゃんに話しておく、プチオリエン的なこともよくやっています。はじめてのことに対して心の準備をさせるためです。

このプチオリエンによって、イヤイヤ・ぐずぐずが減るだけでなく、わくわくした

状態で起きてくれて朝の支度がスムーズになる副次効果もあります。結構ぐずることの多かった朝の準備が、これのおかげでめちゃくちゃ早くなりました！

ちなみに、前夜のプチオリエンはカカの役割です。なぜなら、寝る前にパパが話すと、わーちゃんが興奮して寝つかなくなるから……。

わーちゃんを癒やしたり落ち着かせたりすることに関しては、パパはカカにはとても敵いません。

楽しく遊ぶためのルール

少しずつ成長してくるにつれ、遊びの幅も広がってきます。最近では、わーちゃんの好きな遊びのひとつにカプセルトイがあります。小銭を入れてがちゃっとすると、カプセルに入ったおもちゃが出てくるアレです。

カプセルトイで遊ぶとき、我が家にはちょっと変わっている（かもしれない）約束事があります。それは、「まわすのはひとり1回」「2回まわすときは、1回はわーちゃんの分、もう1回はパパの分」というルールです。

ひとり1回なので、欲しいものが出なくても、その日はそれでおしまいです。乗り物が欲しかったけどレールが出てきた、というときなどはさすがにがっかりした顔は

するものの、ずっとこのルールでやっているので、「次は出るといいね！」で済みます。

今はパパやカカと一緒にまわしていますが、いずれは自分のお小遣いでまわすことになるカプセルトイ。

そんなに何度もできないし、欲しいものが出ないのは当たり前。カプセルトイとはそんなものであり、いくらでもできると思ってほしくない。そんな理由で、我が家ではこのルールで遊んでいます。

ほかにも、自分でやりたいと言ったこと、手伝ってと言ってきたこと（プラレールの線路作りなど）に対しては、最後まできちんと遊ぶ、片付けも自分でやる、といったルールがあります。

「ルール」というとちょっと堅苦しい感じもしますが、実際には、約束事を設けることでゲーム感覚が加わるようなところもあり、わーちゃんも一緒になって楽しく守れていると思います。

そうそう、カプセルトイなどお金のかかる遊びをするときには、最近では少しずつお金の話もするようにしているのですが、これがなかなか難しい……。大人とあんまり区別しないで暮らしているので、お金についてもうまく触れられたらと思うのですが、どう話したらいいかはまだ模索中です。

こういうテーマは、今後どんどん増えていくんだろうなあ。

パパもカカも、そういうものについて改めて考えてみないとな、と思っています。

どうする？ 習い事や緊張

お金の話など、ちょっと大人な教育以外にも、わーちゃんが４歳に近づいてきて、親が悩むというか、どうしようかなと考えることは少しずつ出てきています。

たとえば、習い事どうするか問題。

きっと、多くの親御さんが悩まれているのかもしれないなと思います。

我が家はまさに模索中なのですが、わーちゃんが興味をもったり、縁のあったことを少しだけ試してみました。

まずは水泳。夏の水遊びは大好きなので水泳教室の体験に行ってみましたが、どうも盛り上がらず。プールに入る前のシャワーの時点で、ちょっと腰が引けていました。

普段遊ぶプールとは雰囲気も違えば先生もいて、緊張したのかもしれません。

これには親側にももっとこうすればよかったと思うことがありまして、「水泳教室ってどんなもの？」という事前準備（オリエンなどの説明）が足りていなかったなとあとで気がつきました。またわーちゃんが興味をもつことがあれば、チャレンジしてみたいと思います。

次に、体操。仲良しのお友達が体操教室に通っていたことから、わーちゃんも行ってみようかという話に。まずはパパの行っているジムに子ども向けの体操教室的なものがあったので、そこに参加してみました。

最初は「ついてきて」と言ってもじもじしていましたが、ぴったりくっついていなくても親がそばで見ていることがわかると、だんだん積極的になり、鉄棒に挑戦したりしていました。自分を大人だと思っているわーちゃんですが、5、6歳の子どもたちにまざって頑張っていました（笑）。

どちらも、この先どうするかはまだわかりません。

同じくらいの年齢でも、すでに複数の習い事をしているお子さんもいて、話を聞いていると「うちもやらなくていいのかな……？」と、まったく思わないといえばうそになります。でもやっぱり、本人が興味をもち、楽しいと思わないと結局続かないし、身が入らないと思うので、わーちゃんの興味関心を見過ごさないようにしながら、興味をもてば試してみる（合うものに出合えたら続ける）というスタンスで、我が家はいこうと思っています。

ところで緊張といえば、わーちゃんは大勢の人がいる状況に緊張するみたいです。普段は歌ったり踊ったりするのが大好きなのに、なんと、運動会でまったく踊ることができませんでした（笑）。当日の朝までは、ほかの学年のダンスや曲まで覚えてきて家で披露したり、すごく張り切っていたんです。でも、いざ本番になったらめちゃくちゃ緊張した様子で、カカにくっついて離れず、踊れなかったんですね。

人と会うときも大勢だと緊張することがあるので、さらに大勢の人が集まった運動会は、今のわーちゃんには超緊張シチュエーションだったのかもしれません。

とはいえ、人の拍手や笑い声が大好きなわーちゃんなので、そのうち運動会も張り切って参加するようになるのかもしれないな、と思っています。

「わーちゃんがやる！」——わくわくドキドキのお手伝い

もともと大人ぶりたい性格なのもあって、わーちゃんの「お手伝いしたい」熱は日々高まるばかりです。スーパーでカートを押したり、エレベーターのボタンを押したり、ベランダで育てているミニトマトに水やりをしたり、電車に乗るときにパパやカカのICカードを代わりに改札機にタッチしたり……と、どんどんレパートリーが増えています。

そうそう、洗濯物なんかはちょっとびっくりするくらい上手に畳めていて、「いつのまに覚えたん!?」とパパは驚いたことがあります。その畳み方がカカのやり方とそっくりで、でもカカは畳み方を教えていないとのことなので、どうやらカカが畳んでいるのを見て覚えたようです。幼児の記憶力は本当に侮れません。

しかし、なかにはこちらがヒヤヒヤするようなお手伝いもあります。
夏に小玉スイカを買ったとき、わーちゃんが「もちたい」と言ってきたんです。「重いよ?」と忠告しましたが、わーちゃんは引きませんでした。パパとカカは心の中で覚悟を決めて、わーちゃんにスイカを持たせました……。
我々にとっては「小玉」スイカでも、わーちゃん的には「大玉」。案の定、10秒後には地面に落としてしまいました。
落とした直後のわーちゃんはポカンとしており、「パパが持つね」と言うと、特に抵抗することもなく了解し、その後はばつが悪そうにしていました。幸い、スイカは大きなひびが入っただけだったので、帰宅後にみんなでおいしくいただきました。まぁ、こういうこともありますよね。いい勉強です。

また、わーちゃんはごはん大好きなので、料理にも興味津々です。はじめて大好きなカレーを一緒に作ったときは、めちゃめちゃ楽しそうにしていました。これまでは手が切れない子ども包丁でお手伝いしてもらっていたのですが、そろそろ料理のお手伝いも場数を踏んできたので、もう少し本格的な子ども包丁にもチャレンジしてみようかなと思っています。

親がヒヤヒヤするようなことほど、子どもにとっては大冒険なんですよねぇ。気をつけて見守りつつ、これからもいろいろなことに一緒に挑戦していくつもりです。

コラム

わーちゃんの一日（パパ談）

普段、わっくんはこんな感じの毎日を過ごしています。

6時：起床　ときには5時半前に起きてひとりで遊んでいることも。電気をつけて「朝だよ！」と僕たちを起こしてきます。

6時15分：朝食　66ページのコラム内で紹介したように、朝ごはんは基本的にパン食。

6時35分：着替え　自分で着替えるときもあれば、甘えて着替えさせてもらうときも。大人が身支度をしている間、わっくんはテレビタイム。Netflixでアニメを見ます。

7時15分：出発　機嫌がいいとひとりで先に玄関に行き、「きょうはパパとカカはどれはくの？」と聞いてきて、僕たちの靴を準備してくれることも。

17時30分：帰宅　夕飯まで遊んだりテレビを見たりします。

18時30分〜19時頃：夕食　わっくん待望のごはんタイム。毎日の至福の時間。

20時：風呂　入浴後は、次の日に着る洋服を自分で準備します（しないこともある）。

20時30分：牛乳タイム　大好きな牛乳タイム。ここでもエプロンは欠かしません。

20時50分：歯磨き　まずはわっくんが自分で磨いて、仕上げはカカ。パパがやるとおふざけモードに入るので、歯磨きはカカに任せています。

21時：寝る態勢に入る　カカと少し話したり、明日の予定を確認（ときにはプチオリエン）したりしながら就寝。ひらがなの練習など、なにかに熱中している場合は気が済むまで待つときも。

いたって普通の日常ですが、実際には毎日いろいろあって目まぐるしいものですよね……！　わっくんが生まれてから、僕もすっかり朝型になりました。

〈カカより〉

子どもが生まれる前より規則正しい生活ができて、しっかり眠れて、夫婦共に健康になっているような気がします！

わーちゃん一家
の

「わくわくのつくりかた」

第4章

キラキラ

バナナキター―!
家族みんなで
笑顔がいちばん

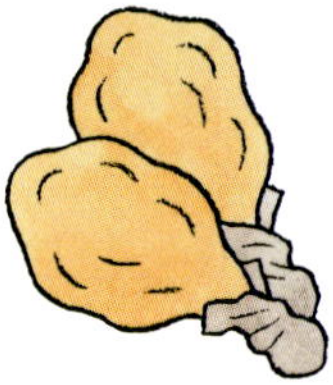

みんなの笑顔や拍手が大好き！『笑点』にハマったわけ

SNSのわーちゃんアカウントでバズった動画のひとつが、『笑点』に関するもの。とても大喜利を理解しているとは思えない幼子が夢中になっている様子がシュールでウケたようです。

そもそも、なんでわーちゃんが笑点を好きになったのかといえば、1歳まで暮らしていた大分のカカの実家で、両親（わーちゃんにとっては祖父母）がいつも見ていた番組が笑点だったんですね。だからといってみんながみんなハマるわけではないと思うのですが、なぜかわーちゃんには大ウケ。「チャンチャカチャカチャカ、チャンチャン」という、あのオープニングが始まると、目をキラキラさせて大喜びでテレビの画面にかじりつくようになりました。

2歳目前のイヤイヤ期にも、我々夫婦はずいぶんと笑点に助けられました。カカがあのオープニングを「テッテテテレレレ、テッテ」と歌うと、わーちゃんはとたんに上機嫌に。毎晩カカに歌をおねだりしてくるので、一時は無限ループ状態が発生していたこともありました。はい、笑点でイヤイヤ期を乗り越えた夫婦です。

2歳を迎えておしゃべりが上達してくると、わーちゃんは出演メンバー全員の名前を覚えて「あっ、(林家)たいへいさん!」「(春風亭)しょうたさんキタ!」などと歓声をあげたり、番組の展開に合わせて拍手したりと熱心に鑑賞していました。三遊亭好楽さんと小遊三さん、林家木久扇さん(当時)も、もちろん大好きです。

一体、笑点のなにが幼子にとってそんなにツボなのか、パパとカカも不思議に思っていたのですが、ここまでわーちゃんを育ててきて感じているのは、わーちゃんは人が喜んだり、拍手が起きたりしている状態が好きなんだなということです。

カカはこう分析します。

「笑点を見てはいるんですけど、大喜利の意味は絶対わかってないですよね。ただ、番組の雰囲気に合わせて拍手したりにこにこしたりしているから、そういう場の雰囲

気を察知しているんだろうなって」
　どうもわーちゃんには「拍手はいいもの！」というイメージがあるようで、実は笑点に限らず、お笑い全般が大好き。笑いや拍手が起きるいろいろなお笑い番組を見ては、芸人さんのモノマネをしたり、ギャグを披露したりしています。
　歌ったり踊ったりと、楽しいことやおふざけが大好きな3歳児に育ったわーちゃん。その原点は笑点だったのかもしれません。

自分を「大人」だと思っている!?

この間、わーちゃんが同い年の友達と一緒に遊んでいたときに、こんなことがありました。

一緒に走り回って遊んでいるうちに、お友達が転んでしまったんですね。

すると、近寄っていったわーちゃんは、なんと、そのお友達をなでなでしながら、「わっくんも転ぶことあるからさ」と慰めていたんです（笑）。

「大丈夫!?」とかじゃないところが、大人ぶりたいわーちゃんらしいといえばそうかもしれません。しかしこのとき、それまでうすうす感じていた我々夫婦の「もしかしたら……」は、ほぼ確信に変わりつつありました。

その「もしかしたら」とは、「わっくんは自分のことを大人だと思っているのではないか」というものです。というか、たぶんそうです。

そう考えると、あらゆることのつじつまが合うんです。

保育園でお友達が靴下を履くのに苦戦していれば、「わっくんがやってあげよっか？」と自ら手伝っているそうですし、お友達になにかを伝えるときの言い方も、とても優しい（まるで先生のような……）らしい。

それはきっと、大人が子どもに接するような態度なのでしょう。先生からも「わっくんは今すぐ保育士になれますよ」とお墨付きをもらっているほどです。

カカの証言を聞いてみましょう。

「パパに『エプロンしたほうがいいんじゃない？』とか、『パパ、わすれものしないようにね』など、パパに対しての態度もかなり大人目線で、見ていて面白いです」

そういえば、少し前にパパの友人家族と一緒に遊びに出かけたとき、1歳のお友達のことを、「はやくおおきくなっていっしょにポップコーンたべたいねぇ」と愛おしそうに眺めていました。なんか既視感あったけど、あれは、大人が子どもを見る目だ……！　少し考える時間が必要なとき、腕を組んで目線を上にやって「え～っと～～」とやる仕草も、あれ、大人がやるやつだ……！

最近では、「わっくん、赤ちゃんみたいだね〜」なんてうっかり言おうものなら、「わっくんあかちゃんじゃないよ！」と若干キレ気味に返答されます。

大体毎晩、翌日に保育園へ着ていく服も自分で用意しますし、保育園でもお友達におもちゃを譲ってあげているそうです（渋い顔をしつつではあるそうですが）。

そういう振る舞いは、なるほど、自分は大人という自己認識によるものだったのかなと。このまま成長して実際に大人になったとき、わーちゃんの精神年齢は一体いくつになるのか……？　ちょっと楽しみです。

年中、半裸!? わーちゃんのおやすみ事情

わーちゃんの寝る前のルーティンは、翌日に着る服を自分で用意すること。

きっかけは、素敵なTシャツを買った日に、「明日着ようね」と、ソファの上に置いて寝たこと。「翌日に着るものを前の晩に用意しておく」という発想がわーちゃんは気に入ったようで、2歳を迎えてわりとすぐの頃には、寝る前のルーティンとして定着しました。この頃からわーちゃんは着るものに対してこだわりを見せており（柄オン柄など奇抜になることとも。笑）、下がり眉の八の字カーブの角度をますます急にして「くつした、ちがうよ」などと、靴下のチョイスに納得がいかないことを訴えてくる日もありました。

服を用意して寝支度が整うと、布団に入りながら、今日のできごとや明日の保育園の予定について、カカと少しおしゃべりをします。例のプチオリエンですね。それが終わると眠りにつきますが、わーちゃんの寝つきはわりといいほうで、添い寝なども必要なく、助かっています。

寝ている間のわーちゃんは、以前はカカにくっついて寝ていましたが、3歳を迎えてからは主にパパにくっついてきます。それ自体はパパ的にはうれしいのですが、寝ているときに蹴ってくるのだけはマジで勘弁してほしい……。

その一方で、ときどきふにゃふにゃ寝言を言っていたり、寝ながら「ふふふっ」と笑っていたりするのを見ると、かわいいなぁ、と思います。

ちなみに、パパとわーちゃんは2人とも寒さに強く、暑さに弱いタイプ。ところがカカは真逆。冬は暖房をつけて寝るので、暑がりなパパとわーちゃんは寝ている間にパジャマを脱いでしまうことが多々あります。夏は夏で、寒がりのカカが夜中に冷房を止めてしまうため、パパとわーちゃんは暑さのあまり、寝ている間にやはりパジャマを脱いでしまいます。

そんなわけで、寝ている間、パパとわーちゃんは年中半裸です。

朝は家族3人、自転車で

わーちゃんは家から徒歩10分くらいの場所にある保育園に通っています。入園したのはわーちゃんが1歳になった直後。当時はパパの仕事が忙しかったため、保育園への朝の送りはカカが担当していました。ここ1年半くらいはパパの仕事に余裕ができてきたので、パパとカカの2人で送っていっています。

歩いてもいいのですが、途中で「抱っこ」と言われるとしんどいのもあり、今は自転車で通っています。子ども乗せ自転車にカカとわーちゃんが乗り、それに並走する感じでパパも自転車で付いていきます。パパが付いていく必要は別にないのですが、わーちゃんとなるべく一緒にいたいパパが勝手に付いていっています。

以前、自転車に乗るときにヘルメットをかぶるのを嫌がったのですが、これもスラ

イドを見せながら「どうしてヘルメットをかぶったほうがいいのか」を説明したら、翌朝はちゃんとかぶってくれました（ちょっとイヤそうではあったけど）。

自転車に乗っている間、わーちゃんはレース（競争）気分を楽しんでいます。「わっくん&カカチーム」VS「パパチーム」（ひとりやけど）というわけです。

パパはカカの自転車の後ろを付いていく形なので、先頭は必然的にいつもカカ。わーちゃんは「わっくんのかち〜！」とひとりで喜んでいます。

ちなみに、雨が降っている日は歩いていきます。レインコートを着たわーちゃんは傘をさし、にこにことうれしそうにしています。大人と違って「雨だと出かけるのが面倒くさいな」なんてことはありません。傘や長靴が好きみたいです。

なお、わーちゃんを7時半に保育園に送っていき、カカはそのまま出社するのですが、パパはリモートワークが可能な勤務形態のため、その足で近所のカフェへ行き仕事を開始。1時間半ほど、そこで仕事を進めます。この時間帯だと仕事の連絡が来ず、しかも自分の集中力も高いため、なんと一日の仕事の半分くらいが終わってしまいます。そのため、夕方の早い時間には「もう帰れるよ」という状態になるんです。

おかげで夜にわーちゃんと過ごせる時間も増え、いいことずくめの我が家の習慣として定着しています。

抱っこはできるうちに

ただでさえデスクワークが多く、腰を痛めがちな我々夫婦。そこに加え、日に日に重みを増してゆくわーちゃんをずっと抱っこしていたら、2人の腰が崩壊する未来はもう、すぐ目の前です。そんなわけで、わーちゃんは気軽に「抱っこ」と言ってきますが、パパは「嫌だよ、歩こうよ」と返すことも多いです。

とは言いつつ、「もっと抱っこしたいな」という、相反する気持ちもパパの中にあります。そんなに甘えん坊なわけでもなく、自分のことを大人だと思っているわーちゃんなので、抱っこできなくなる日もそう遠くないだろうから——そう考えると、今のうちにいっぱい抱っこしておきたいな、と思うわけです（でも腰が……）。

思い起こすと、抱っこに関しては2歳の頃が一番大変だったかもしれません。2歳代は自分で歩けるのに、すぐ「抱っこ」と言うので、我々夫婦の腰は常に悲鳴

をあげていたものです。年末年始で保育園がお休みの間、毎日のようにわーちゃんを抱っこしていたカカは、すっかり腰を痛めてしまいました。面白かったのは（笑い事ではないけど）、カカが「腰痛い……」とつぶやくと、それを真似してわーちゃんも「こしいたい……」と返してきたことです。わっくん、それ、間違いなく気のせいよ。

しかし、そんな力力を意にも介さぬ鬼わーちゃん。さらに抱っこをせがんできたので、「わっくんを抱っこすると腰痛いんだよな～」と返したところ、「わっくんも、こしいたいよ～？」。いや、「こしいたい」って言いたいだけやん！

「みんなと一緒に初挑戦」もまた楽しい

お勉強や習い事については、我が家はかなりのんびりしています。

「わーちゃんは言葉が早いね」と言ってもらえることもあるのですが、おしゃべりがちょっと得意だとしても、できないことももちろんたくさんあります。

例を挙げると、3歳くらいになるとお箸の練習を始めている子も結構いるみたいですが、本書執筆現在、うちはまったく始めていません。

わーちゃんがまだ特に興味を示さないというのもありますし、保育園でお箸を使い始めるそのタイミングで、お友達と一緒にああだこうだ言いながら挑戦して、練習するのも楽しいだろうと思うからです。一応、わーちゃん用のお箸を購入して、準備はしてあるんですけどね。

勉強も習い事もスポーツも、早く始めれば始めるほど早く身につくのはおそらく間違いありません。

でも、ひとりでどんどん先取りしてみんなより先を行くのは、もしパパがわーちゃんだったとしたら、あんまり楽しいと感じないいんじゃないかなぁ、と思うんですよね。

同世代の仲間たちとわいわいしながら、失敗したり成功したり試行錯誤したりしながら一緒に成長していく楽しさを味わうのも、悪くないいんじゃないかなと思うわけです。

なので、せめて小学校・中学校くらいまでは、あまりいろいろ先取りすることなく、周りのみんなと一緒に、必要なタイミングで必要なことを学んだり身につけていったりしてもらえればそれでいいかなと、今のところは考えています。

そうやって周りのみんなとわいわいやりながらしっかり基礎を身につけていった結果、既存のルールや価値観を超えた面白い発想や応用のできる人間になれたらいいなぁと、なんとな〜く思い描いています。

というか、教育方針について夫婦で話し合ったことがないことに、今、はじめて気がつきました（汗）。

特にカカから苦情を申し立てられたことのないパパですが、ここでカカの意向も確かめておきましょう。

カカ、どうぞ。

「本人が興味をもったことに全力で取り組むというところは夫婦で完全一致している価値観で、本気でサポートしていきたいと思います」

よかった、教育方針に大幅なずれはないようです（笑）。

お箸もお勉強も、やりたくなってから

パパはよく北欧に出張に行くと第2章で話しましたが、実はパパ、あまり英語が話せません。現地の方との会話は、通訳の人に頼りっぱなしです。

それでも仕事はどうにかなっていますし、仕事柄、ワーキング・ホリデー経験者や国際的に活躍している人と接することも多いものの、ぶっちゃけ、大事なのは英語力よりも、人間力みたいなものやキャラクターのような気もしているんですよね。

パパの周りのグローバルに活躍している人たちも、最初から外国語が話せる環境で育った人というよりも、必要になったタイミングで英語を身につけた人が多かったりします。

語学に限らず、先ほどお話ししたお箸の練習など、必要なスキルは本人が「おもしろそう」「やりたい」と思ったタイミングで頑張るのが大事なのかな、と感じています（ちなみに、フィンランドの教育でも、先取りよりも本人のペースに合わせることが重視されると聞いたことがあります）。

パパ自身も、子ども時代に親から「○○しなさい」みたいに言われた記憶はほとんどなく、マイペースに生きてきました。それもあって、何事も、本人がやりたいときにやらないと伸びないんじゃないかなと、なんとなく思っています。それに、なにをするかを人に決められるよりも、自分で決めたほうが絶対面白いし！

ただ、早いうちに学ぶ姿勢みたいなものを身につけておくことはきっと大事。子どものうちに「勉強する癖」みたいなものが身についたらなと、まずは我々夫婦が楽しみながら勉強する姿勢を見せて、学ぶことは楽しいんだとわーちゃんに感じてほしいなと思ったり。

なので、わーちゃんから質問されてわからないことがあったらそのままにせずに、その日のうちに一緒に調べて解決するように心がけています（突然の「あぶらってなに？」といった質問に、うろたえることはありますが笑）。

いずれにせよ、今のわーちゃんはなんでも楽しむのが大事な時期だと思っています。だから、パパとカカも何事も強制はせず、一緒に遊びながら、楽しい時間を過ごしていきたいです。

そういえば、パパもカカも昔少し音楽をやっていたので、わーちゃんと一緒に楽器を演奏できたら楽しそうだなと思っています。

わーちゃんはかなり小さい頃から音楽に反応して積極的に踊りを踊ったり、リズムをとったりしていて、もしやこれは遺伝……!?　なんて思ったり、思わなかったり。

ちなみにパパは今、ピアノに興味があるので、ピアノの購入を検討中。パパが練習していたらわーちゃんもやりたくなるかも？

そうだ、わーちゃん用に太鼓セットも買って物置部屋にしまってあるんだった。そ

のうち出してきて一緒に遊びたいなぁ。カカには歌と踊りを担当してもらって、3人でバンドができるかも！

カカより。

「わっくんが歌と踊りのほうがいいんじゃない？　カカは合いの手ぐらいにしとくよ。曲は……やるとしたら『勝手にシンドバッド』かな？」

わーちゃん家の人気メニュー

緒に楽しむといえば、食べることが大好きなわーちゃんに対し、パパは料理するのが大好き（食べるのも大好きです！）。カカも料理は嫌いではないので、夫婦それぞれがわりといろいろなメニューやレシピに挑戦しています。

つくるのが簡単でわーちゃんも大好きなのが「とうもろこしごはん」。ごはんを炊くときに、生のとうもろこしの実の部分を削ぎ落としたものと、塩とお酒を少し入れるだけ。それだけでふんわり甘くて香ばしいとうもろこしごはんが完成。我が家の夏の定番メニューです。

そのほかに人気なのは「蒸し豚のサムギョプサル風」。フライパンやホットプレートに野菜を敷き詰め、その上に塩麹を塗った豚バラのかたまりをのせて蒸します。火が通ったらかたまりを切り分け、レタスで巻いて食べます。本格的な雰囲気のただようネーミングではありますが、実際にはそんなに難しくありません。味変にはマヨネーズがおすすめです。

きのこ類も我が家では人気なので、シメジを塩で味付けしただけの、その名も「シメジ焼いただけソテー」や、ゆでてざく切りにしたエノキと納豆を混ぜた「エノキ納豆」もよく食べます。これは食感が面白くて箸が進みます。

それから、我々夫婦がすごく重宝しているのが、インスタグラマーの「みぺ」さん(Instagram:@mipe_gohan)のレシピ。特に「ぷりぷりササミ」「重ね煮ガパオライス」「万能にんじん」は家族みんな大ファンで、鬼リピートしています。

忙しいときや疲れたときには、買ってきたお惣菜や出前に頼ることもありますが、新しいレシピとの出合いや料理の楽しさをわーちゃんと一緒に共有できたらな、という思いで、毎日の食事を楽しんでいます。

コラム

わーちゃん語録（カカ談）

カカです。ここではわっくんオリジナルの言葉を紹介します。SNSでお馴染みのものから未公開の面白ワードまでそろえてみました。

「くるよくるよくるよ」「キター－！」

わっくんといえばやはりこれですよね。大好物やプレゼントなど、うれしいものが目の前に登場したときに飛び出す定番のわーちゃん語です。

「すてきなものがありますねぇ」

わっくんが生後1年を過ごした私の実家は、緑豊かな大分の山中にありま

す。そのせいか、わっくんはそういう環境を「なんだかいいもの」だと認識しているらしく、森や林、大きい公園などに行くと、決まってこのセリフを言います。最初に「すてきなものがありますねぇ」と言った先に木々のアーチを見つけたときは、ちょっと驚きました。

「カカくる」

布団の中に隠れたわっくんを私が見つけるという、オリジナルの遊びの名称です。何回もやらされるので少し疲れます。

「わっくんハッピーセット」

わっくん用に、お盆にごはんやおかずを載せたもの一式を指して、こう呼びます。

「ジェットコースター」

わっくんは坂道のことをこう呼びます。車やベビーカーに乗って坂を下るときだけでなく、自分で走っていくときにもいつも大興奮しています。

次は〈番外編〉、過去の語録を紹介します。

「きらきらひかる」「ボンボン・シャーボンボン」

それぞれ「星」と「手洗い」のことです。1歳と少しした頃、歌の影響でこう呼んでいました。

「パパ、おみずになっちゃった？」

パパが浴室にいると思って探しに行ったのに、いなかったときのひとことです（笑）。

「ペイペイ」

2歳過ぎの頃、スマホ決済に限らず、支払い全般のことをペイペイと呼んでいました。現代っ子ですね。

「おーたにしゃん」

野球に関連するものを見つけたときに言います。大谷選手の影響力、すごいです。

教えていないのに自然に覚えたり生み出したりする言葉を聞いていると、

子どもって不思議だなあと思います。
これからもどんなわっくん語が生まれるのか、楽しみです！

〈パパより〉

わーちゃん語録もありますが、パパにも「ただいもむし！」という、オリジナルワードが存在します。一度、わっくんが外出先で言ったのが恥ずかしかったのでそろそろやめようと心に決めていますが、歳のせいかダジャレが止まりません……。

終　章

にこにこ

パパは「一緒にゲームできる日が楽しみ」、カカは「楽しく過ごしてくれるのがいちばん！」

大ピンチ⁉ 夫婦そろって○○が苦手！

SNSというものの特性上、ときとして「素敵なご両親！」なんて身に余ることを言っていただいてしまうことがあるのですが、当然のことながら実際には、我々夫婦にも苦手なことや弱点はいろいろあります。

そこでここでは、我々の良すぎるイメージを正すべく（⁉）、せっかくなので、私たちの弱点についてもお話ししてみます。

まずはパパからいきます。

パパの苦手なことは、ずばり「洗濯」です。

なぜかというと、洗濯機に時間を支配されるように感じるのが苦手だからです。

洗濯機を回すところまではいいのですが、洗濯が終わったタイミングで自分がなにをしているか、都合よく乾燥機を回したり干したりできるかはわからない……と思ってしまうんですよね……。

そんなわけで、我が家の洗濯担当はもっぱらカカです。とはいえ、カカに任せきりなのがパパ的にはとても心苦しく、ひそかに悩みの種になっています（とりあえず全自動で乾燥までしてくれる洗濯機に買い替えることを考え中です！）。


そして、もうひとつの弱点は「すぐに物をなくす」こと。

これは結構多くの方に驚いていただけるのではないかという自信があります。

パパが服を買うとき、ジャケットとズボンのセットアップを買うとしたら、ジャケットは5〜6着、ズボンは1本買います。

「え？　数が合わんよね？　セットとしておかしくない？」って思いますよね。

いいえ、これでいいんです。

なぜなら、電車やお店などでジャケットを脱いで、そのまま置いて帰ってきて行方不明にしてしまうからです（ズボンは外で脱がないからなくしません）。

ほかにも、財布、パスケースなどの小物類もすぐになくします。

「高い財布を買えば大事に使うから長持ちするんだよ」と自信たっぷりに宣言して、ちょっといい財布を奮発したこともあったのですが、ラーメン屋に置き忘れ、わずか1年でなくしました（もう高い財布は買いません涙）。

つい先日も、おしゃれな革の素材のカードケースを見つけ、「レシート入れにちょうどええね！」とわくわくしながら買ったにもかかわらず、3日でなくしました（絶望）。

当然、なくすたびにカカに怒られていますが、パパは子どもの頃からランドセルを学校に置いたまま帰ってきてしまうような人間だったので、なくし癖はこれからも直りそうにありません……。わーちゃんがパパに似ないことを祈るばかりです。

書いているうちにだんだん情けない気持ちになってきましたが、気を取り直して、次はカカの弱点にいきます。

カカの苦手なことは、本人いわく……

「きちんとしたことが苦手。ざっくりしかできない」

その心は。

「子どもが生まれてから、自分の思うようにはならないことのほうが多いな」と気づいたとのこと。その結果、なるようになると思っていて、好きな言葉は「（いい意味で）適当に」だそうです。


うーん、パパ的には別に弱点ってほどのことでもないように思うんですけどね。

それよりもむしろ、周りに気をつかいすぎるところがカカの弱点なのでは？　とパパは思います。たとえばパパが「○○さんを誘って遊びに行こうよ！」と言うと、カカは「○○さんは忙しいだろうから、やめておいたほうがいいんじゃない？」というように、すごく気を回すんですよね。

「そんなんだから友達が少ないんじゃないの？」なんて軽口を叩いてみたものの、よく考えたらパパも友達は多くありませんでした（似た者夫婦）。

そして極めつけは、我々夫婦共通の苦手なものである、「虫」。

カカは神出鬼没のあの黒いやつやクモが苦手ですが、「わっくんを産んでからはクモくらいなら平気になった」（カカ談）とのこと。「なぜかクモのみ素手でいけます」という（パパからしたら信じられない）頼もしい宣言、いただきました。


一方、パパの虫嫌いは本物です。

虫全般が苦手ですが、なかでもセミが大の苦手。よく道端や建物の入り口に仰向けに落ちているセミファイナル（終末のセミ爆弾）は、恐怖以外のなにものでもありません。あれ、本当にどうにかなりませんかね……。

魚を釣るためのえさの虫は触れますし、釣った魚をさばくのも大丈夫なのですが、不思議なことにカエルやザリガニ、なんならそれ以外の生き物全般も、パパはあんまり得意じゃありません。

しかし、わーちゃんは今のところ、虫もほかの生き物も大好きです。

そのうち「飼いたい」とか言い出したらどうしよう。

そうなったら、「なぜ飼いたいのか」について、今度はわーちゃんにプレゼンしてもらうしかないですね。虫や生き物の魅力をパパに教えてくれたら、あるいは……。

生き物を飼いたがるフェーズはすべての子どもが通る道と聞いていますから、我々夫婦がそろって虫嫌いなのは、わーちゃんにとっては困ったことかもしれません（笑）。

とりあえず、わーちゃんがセミを家に連れて帰らないことを切に祈ります。

わーちゃんが大人になったらやりたいこと

そんな両親に育てられているわーちゃんですから、今のところはしっかりめの世話焼きキャラではあるものの、この先どうなるかはわかりません。将来は、パパのように出先であれやこれやなくしてくるようになるかもしれません(笑)。

半年くらい前に、わーちゃんと質問合戦をしていて「大人になったら、なにやりたい？」と聞いたことがあったんです。きちんとした答えが返ってくることは期待していなかったのですが、少し考えたあと、意外な答えが返ってきました。

「わっくんがおとなになったらぁ～……キッチンでごはんをつくること！」

正確に言うと、「キッチン」をうまく発音できず「チッチン……チッチン……」と何度も言っていたのですが、そんなところをツッコむ余裕もないくらいにパパは胸を打たれ、思わずウルウルしてしまいました（すいません、こういうとこは親バカです）。

いやぁ、将来のことを言うなんて成長したなぁと……。

我が家では、キッチンは火や刃物が危ないので、わーちゃんが入れないように入り口に柵をしてあるんですね。だからわーちゃんは「大人にならないとキッチンには入れない、料理はできない」と思っていたんだと思います。

わーちゃんがごはん大好きなのはみんな知っているけれど、大人になってやりたいことの筆頭に料理を挙げるほど興味をもっていたなんて、料理好きなパパとしてはもう、なんと言っていいか……。涙腺を直撃されてしまいました。

そんなわけで、106ページにあったように、一緒にカレーを作ることにして、わーちゃんの夢はすぐに叶えられたのでした。

ほかにも、わーちゃんはお洗濯をしたがることが多くて、靴下を自分で洗濯バサミにつけたり、洗濯物を畳んだりする「お洗濯アシスタント」や、翌朝の準備を自分でする「翌朝準備担当大臣」をしてもらったりもしています。

大人が「まだ早い」とか「そこまで考えていないだろう」なんて思い込んでいることでも、案外子どもはすでに興味をもっていたり、イメージしていたりするんだなあと、このときはしみじみ思わされました。

聞いてみなければ絶対にわからないことだったので、これからもわーちゃんがなにを考えているのか、どんなことに興味をもって、やりたいと思っているのか、たくさん質問していきたいと思います。

叶えられる夢はすぐに叶えて、次の夢に行けたらいいなと思います！

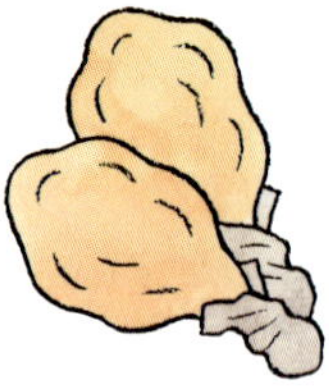

新しい言葉、新しい興味

今年の5月には4歳になるわーちゃんですが、この本を制作している間にも、小さな成長をいろいろしていたと思います。

最近では、さかんに料理をしたがります。

この間は、「ぶたときのこをいためてなんかつくろっか!」と言い出して、とても驚きました。まるでお母さんが子どもに提案するかのような現実的なレシピ。豚肉ときのこを炒めたら、たしかにおいしいに違いありません。

「炒める」という手法(言葉)は、一緒に料理をしているパパは教えていないのでびっくりしたのですが、これはテレビで料理番組を見ているからかなと思いました。

わーちゃんは笑点やアニメ以外にも、料理番組を見るのが好きです。
結構真剣に見ているので、その中で料理に関する言葉を覚えたり、自分もやってみたいと思ったりしているのかもしれません。
「卵を割ってみたい」というのは（今のところアレルギーがあるので）どうしたものかと思いますが、最近では、料理の腕前もちょっとずつ上達しています。
たとえば、子ども包丁を使って野菜を切るのも、以前は少しやってみたらあとはパパがやっていたのを、今では最後までやりたがり、集中してすべて切るようになりました。調味料も自分で入れていきます。ただ、つまみ食いできるものがあるときのつまみ食い量は相変わらずです。

「炒める」以外の「いつの間にそんな言葉を!?」シリーズでいうと、保育園の前に新しい植物が植えてあるのをパパが見つけたときのこと。何気なく「なにこれ！」と言ったら、わーちゃんが「あんないしてあげよっか？」と言うではないですか。

「案内」なんて言葉も知っているのか……しかも正しく使えている。

親も知らないうちに、子どもはどんどん成長しているのだなと思います。

一緒に成長していこう

そんなに食べることや料理が好きなら、将来は料理関係に進むのも楽しいかもしれないなぁ……なんてパパは想像したりもしますが、これぱっかりは本人次第です。

「○○になってほしい」「○○の仕事に就いてほしい」みたいなのは我々夫婦にはまったくなくて、パパとしては、周りの人たちと一緒に、巻き込み巻き込まれしながら、いつも笑って過ごしてくれたらいいなと思っています。

わっくんの将来について、カカはどう考えとるんやろ？

「将来？　そうやね、楽しく過ごしてくれていたらいいなと思う。大きくなって、『うちの家族はなんかほかより面白いな〜』ってひそかに思ってくれてたらうれしいよね」

うん、わかる。引きどきさえうまく見極められればなにをやってもいいから、今と同じように、毎日をずっとわくわくして過ごしてくれたらそれだけで十分。

そうそう、実はパパはゲームが大好きなので、わーちゃんがもっと大きくなったら一緒にゲームで遊べたらうれしいなと思っています（大阪へ出張したときに新作のゲームをスーツケースに入れて持って行き、電車の網棚の上に置いて下車するという離れ業を決めたことがありますが、ありがたいことに終着駅で発見されました涙）。「ゲームを何歳から解禁するか」なども悩ましいところではありますが、子育てに正解はきっとないと思っているので、そのときどきのわーちゃんの個性や成長の様子を見つつ、判断していきたいです。

カカは、わっくんのおかげで電車に興味をもったらしく、電車を乗り継いでいろんな観光地を回る「鉄道の旅」をやってみたいなーと思っているようです。

極論、教育方針は本人の様子や状況に応じてどんどん変えていいと考えているくらいなので、我々夫婦はあまり子育てにストレスを感じていません（キリッと書きましたが、のんきなだけと言ったほうが正しいかもしれません！）。

去年の夏、パパとわーちゃんでお風呂に入っていたときのこと。わーちゃんはどういうわけか、お風呂で盆踊りを踊り始めました。盆踊りといっても、「盆踊り風」ダンスで、わーちゃんとしては間にジャンプなんかも入れたかったみたいなんです。

盆踊りの手つきをしながら、わーちゃんは言いました。

「おふろでジャンプはダメだから、フリだけね！」

そして（盆踊りにジャンプがあるかはともかく）ジャンプのシーンでは「ジャンプのフリ」をしながら、一生懸命踊っていました。

……どこで「お風呂でジャンプしたらいけない」なんて学んできたんだろう……。

パパもカカも、お風呂でジャンプをしちゃダメと言ったことはありません。

「子どもは勝手に育つ」って、こういうことなんですかね。

そんなこんなで、夫婦そろって、あんまり「育児」「ちゃんと育てなきゃ！」という

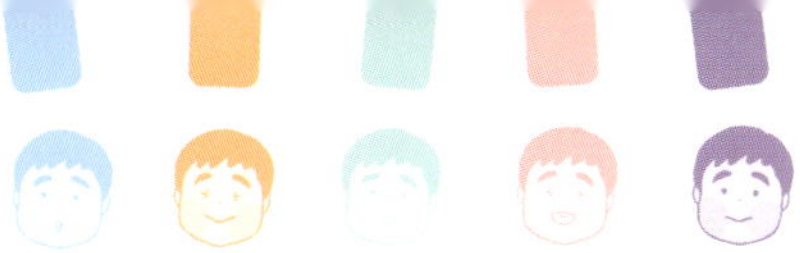

感じはしていなくて、どちらかというと「一緒に成長していく仲間、兄と姉」くらいの感覚でいます。少し変わっているのかもしれませんが、これが私たちのありのままの現在の感覚です。「親」であることは間違いありませんが、完璧である必要なんかない。前述のとおり、子どもは子どもで勝手に成長するところもあるしと、ある意味気楽に考えています。

わーちゃんの今と未来がずっとわくわく、にこにこしたものになることを願って、これからも家族みんなでたくさんのわくわくを一緒につくっていきたいと思います！

あとがき

家族みんなでのんびり歩いていく

ここまで読んでくださりありがとうございます。

ごく平凡な(いい加減なところも多々ある)我々夫婦が、つらつらと我が家の日常やわーちゃんのことをお話ししてきました。

ＳＮＳでは伝えきれない部分もなるべくお見せできるよう、いろいろ書いてみましたが、みなさんに楽しんでいただけたかどうか、(特にカカが)大変ドキドキ、ハラハラしております。もし、ほんの少しでも身近なわくわくを共有できたとしたら、こんなにうれしいことはありません。


わーちゃんはといえば、最近も「そんなこと、よく覚えているなぁ」と記憶力に驚かされることもあれば、思っていることと逆のことを言って大人の反応を楽しむ天邪鬼な態度に親が振り回されるなど、子育てはひと筋縄ではいかないところもあり。

昨日より今日、今日より明日と、ボキャブラリーも、できることも、感じることも、どんどん増えていっています。

最近では、お願い事をするとき、ちょっとロジカルになってきている気もします。疲れて抱っこをせがむとき、ついこの間まで「パパがすきだからだっこしてほしい」と言っていたのに、この頃は「どれくらい歩いて、どれくらい疲れていて、抱っこしてもらった暁にはなにをするか」などを話すことも出てきました。……これが成長！

この本の制作中も、編集者さんたちとオンラインで打ち合わせをしていた際に「もうバイバイしなさい！」とわーちゃんがカットインしてきたことがあって、そのときはパパと2人だったこともあり、いったんその場はわーちゃんの言うとおり終わりにしたのですが、しばらくすると「もういちどおはなししていいよ」と言ってきて、打ち合わせを再開できたという一幕もありました。

さらにそのしばらくあと、リアルで編集者さんたちとお会いした際には、「ぱそこんでおはなししてたひとたちだ！」と言って、みんなをびっくりさせていました。

保育園では、お友達に嫌なことをしてしまったとき、その場ですぐには謝れなかったそうなのですが、あとからすっとやってきて「さっきはごめんね」と時間差謝罪をしたことがあったそうです（家でも、夜に怒られたことを翌朝謝ってきたり、パパの顔に手をぶつけてしまったことを20分後に謝ってきたりします）。

あと、これは成長とは別の話ですが、突然不思議なことを言い出すことも。あるとき、パパに向かって「パパがちいさいとき、わっくんがパパをだっこしてたんだよ！」と言うではありませんか。わーちゃんは、パパのじいちゃんの生まれ変わりだというのでしょうか。さらに、「おおきないえをたてたのは、くがつじゅうににち」なる発言も……。

うのみにしているわけではありませんが、やっぱり子どもは計り知れないところがあるな、面白いな、と思いました。

原稿完成間近の現在は、絶賛変顔（？）にハマっています。黒目を上に動かして白目っぽく演出する顔なのですが、目がどうにかなってしまうのではと思うほどやっていいます。我々が「なにその顔！」と驚いたり笑ったりするのがうれしいみたいです。

子どもらしいわがままと、大人ぶりたい面の両方がわーちゃんの中に同居しているのが面白いし、時間をおくことで自分なりに考えたり、冷静な行動ができるようになったりしたことには、小さな成長も感じます。

そうした小さな成長に、うれしい気持ちと、ちょっとだけ寂しい気持ちの両方を抱えながら、パパと力力はこれからも、我が家のペースでわーちゃんと過ごしていきたいと思っています。

10年後、20年後、わっくんはどんな人に成長して、私たちはどんな家族になっているのか？　きっとその途中にはいろいろなことがあることでしょうが、家族一緒に、変わらずのんびり成長していきたいです。

最後まで読んでいただき、本当にありがとうございました！

わーちゃんパパ&カカ
わーちゃんのパパとカカ。パパは福岡出身、カカは大分出身。2025年1月の刊行時点で3歳の息子わーちゃんと3人で暮らす。わーちゃんとの関係は、パパが「友達」、カカが「癒やし係」。

Instagram
@wahchanchan0509
https://www.instagram.com/wahchanchan0509/
@kensan0704
https://www.instagram.com/kensan0704/

YouTube
わーちゃんの日常　https://www.youtube.com/@wahchanchan

わーちゃん一家《いっか》の「わくわくのつくりかた」
家族《かぞく》みんなで成長《せいちょう》するのんびり子育《こそだ》て日記《にっき》

2025年 1 月28日　初版発行
2025年 3 月 5 日　再版発行

著／わーちゃんパパ&カカ

発行者／山下 直久

発行／株式会社KADOKAWA
〒102-8177　東京都千代田区富士見2-13-3
電話 0570-002-301（ナビダイヤル）

印刷所／TOPPANクロレ株式会社
製本所／TOPPANクロレ株式会社

ISBN 978-4-04-607201-6　C0095